Haga Su Movimiento…

Una Guia Para Ser Propietario de Casa

By Barbara K. Garcia

American Center for Credit Education

Traducción a cargo de Yolanda Meraz
gracias al apoyo financiero de US Bank

Haga Su Movimiento…

Publicado por el American Center for Credit Education
111 St. Joseph Street
Rapid City, SD 57701
1-605-348-3104

Impreso y encuadernado en Los Estados Unidos de América

ISBN: 0-9720787-03

Dedicatoria

*Este libro está dedicado a aquellos que se atreven a soñar con tener una casa.
El ser propietario de casa es una meta alcanzable para la mayoría de la gente. Usted tendrá
que hacer sacrificios y superar retos, o resolver problemas. Vale la pena el esfuerzo.
La parte más difícil es dar el primer paso. Buena suerte en su viaje a casa.*

RECONOCIMIENTOS

La educación para compradores de casa de calidad ha sido mi pasión durante los últimos 12 años y me enorgullece mucho el hecho de que como maestra de educación para compradores de casa, REALTOR® y Oficial de Préstamos CRA he ayudado a mucha gente que nunca pensaba que podía comprar una casa a conseguirlo. Gran parte de lo que se lo aprendí de tres personas excepcionales en la industria de los préstamos h-('h- Terry Vidal, del área de Hipotecas de Wells Fargo, Chuck Callender, Consultor de Vivienda anteriormente con US Bank, y Gary Beatty, de Educación Financiaera y Consultoría de Vivienda anteriormente con US Bank.

Terri Vidal me enseñó lo fundamental sobre el procesamiento de préstamos hipotecarios y directrices de aprobación, la importancia de los "detalles", seguir las reglas y el profesionalismo. Chuck Callender me enseñó la importancia de mis convicciones y me alentó a luchar por ellas. Su apoyo total e interminable paciencia fueron lo que me mantuvieron avanzando en los tiempos de retos y lo convirtió en el mejor gerente al que cualquiera desearía tener. Gary Beatty creyó en mí y me dio la oportunidad de servir a quienes lo necesitaban. El alentó el pensamiento creativo, la persistencia, y el trabajo de equipo. Continúa compartiendo su conocimiento sobre asociaciones de vivienda y la industria hipotecaria. He tenido la fortuna de trabajar para, y aprender de, los mejores en el ramo.

Escribir un libro ha sido una experiencia real de aprendizaje para mí. No es solamente un proyecto de un hombre o un proyecto de una mujer, sino una colaboración de mucha gente. Cualquiera se puede sentar y escribir una idea en papel, pero sen necesita balance y distintas perspectivas para crear un programa bien redondeado. Cuando apenas comencé éste proyecto, la idea era no solamente proveerle al futuro comprador de casa la información básica necesaria para navegar el confuso proceso de comprar casa, sino también ayudar al comprador de casa a entender las razones detrás del proceso. Creo que cumplimos esa meta, gracias a las personas que participaron en ésta colaboración.

Bonnie Spain ha sido una líder de la industria al proveer educación financiera al consumidor, por el desarrollo y publicación de *Crédito Cuando el Crédito se Requiere*, el primer programa de educación financiera estandarizado nacionalmente. La visión de ella, su valor, y su dedicación a proveer educación de calidad al consumidor fueron lo que hizo posible éste proyecto. Le agradezco el darme ésta oportunidad y por creer en mis habilidades para explicar el proceso de compra de casa.

Tengo que agradecer especialmente a mi esposo, Tony, por permitirme disparatar, delirar y balbucear acerca de éste proyecto a todas horas del día y de la noche; a Cheryl Berg y Ronda Carlson por su apoyo moral, por escuchar pacientemente mientras rebotaba ideas con ellas y por mantenerme actualizada en los cambios en la industria cuando yo hacía "la pregunta del día"; a Bill Towey, por hacerme reír durante los momentos de tensión, por compartir su conocimiento sobre bienes raíces y construcción, su disposición para ir por encima y más allá por los clientes, y el ejemplo profesional de   ningún REALTOR® brinda mejor servicio a sus clientes que él; y a Doug Pencille, uno de los mejores y más minuciosos inspectores de casas del país, por compartir generosamente su tiempo, información y materiales para éste libro.

Le debo muchas gracias al Consejo de Revisión por sus esfuerzos, comentarios y diálogos. Sus contribuciones al contenido y contexto son lo que le dio a éste libro balance. ¡Sé lo suficiente acerca del proceso de compra de casa para saber que ninguna persona lo sabe todo! Les agradezco a todos por dar su tiempo y pensamientos. Susan Albers, propietaria de casa; Gary Beatty, Consejero de Educación Financiera y Vivienda Asequible; Cheryl Berg, Oficial de Préstamos Hipotecarios de US Bank; Ronda Carlson, Asociada de Hipotecas de Wells Fargo, Rita Edwards, Especialista en Productos Financieros Hipotecarios; Cara Jonson, Directora Asistente de CCCS de Black Hills; Paul Kostboth, Coordinador Estatal de la Organización de Recursos Educativos para Propietarios de Casa (H.E.R.O.); de South Dakota; Sheryl Millar, Directora de la Oficina de Desarrollo de Vivienda Urbano (HUD); Michelle Mitchell Presidenta de la Corporación de Asistencia para Vivienda de Colorado; John Oldham, Consejero de Vivienda de CCCS de Olympic-South Sound; Dough Pencille, Inspector de Casas de Inspecciones DSP; Bob Rosenblad, Abogado y Presidente de la Compañía de Títulos y Plicas Rochester Inc.; Stacey Thompson, Futura Compradora de Casa; Bill Towey, ABR, GRI, REALTOR® Corredor de Re/Max de Rochester; Terri Vidal, Oficial de Préstamos/ Gerente de Sucursal/Asistente Vice Presidenta del área de Hipotecas de Wells Fargo.

También estoy muy agradecida por la ayuda de gente muy talentosa que manejó las mecánicas de hacer éste libro, imprimirlo y llevarlo hasta sus manos. La inspiración para el título y portada de éste libro fue el grandioso trabajo e ideas de Karen Salmen, de Computer Images, quien amablemente sufrió a través de nuestros intentos de creatividad. Gracias a Carey Albers Denman, nuestro Editor de Texto por quitar mis errores y comas fuera de su lugar.

Barbara K. García
American Center for Credit Education
Primero de Junio del 2002

COMO USAR ESTE LIBRO

Información General

Felicidades por dar el primer paso hacia convertirse en propietario de casa. El curso **Haga Su Movimiento...** está diseñado para guiarlo a través del proceso de compra de casa.

Haga Su Movimiento... está disponible en todo el país a través de organizaciones educativas y de vivienda locales. Estas organizaciones, las cuales están interesadas en proveer educación estandarizada de calidad para compradores de casa para sus clientes y comunidades, obtienen el curso del Centro Americano de Educación de Crédito (ACCE), y luego imparten y administran el curso en sus comunidades locales. Las personas se inscriben a **Haga Su Movimiento...** a través de las organizaciones locales. Para localizar la más cercana a usted, puede ponerse en contacto con ACCE al 888-830-3104.

Usted puede completar **Haga Su Movimiento...**asistiendo a sesiones en un salón, o completarlo estudiando de manera independiente, o a través de una combinación de ambas. **Es posible que algunos Prestamistas y programas de préstamos no acepten estudiantes independientes y requieran que usted tome el curso en un salón de clases.** El curso incluye 9 lecciones. Cada lección es una unidad completa, así es que usted puede leer y estudiar cualquier lección en cualquier orden. Cada lección debe tomar de 45 a 90 minutos ya sea que usted sea autodidacta o asista a sesiones en un salón de clases. El total de tiempo para completar éste curso variará de acuerdo al individuo y al método de estudio. Además, el **Prestamista u organización que imparta el curso con la cual esté trabajando pueden establecer fechas límites para que usted complete el curso.**

Una vez que haya completado una lección, vaya a la parte final del libro y conteste el examen de dicha lección. **Los exámenes llevan a cabo con "libro abierto" y deben tomarle aproximadamente 10 minutos. La idea es que usted aprenda la información, no engañarlo de ninguna forma.** Después de que complete sus exámenes, debe devolverlos a la organización que le dio a usted el libro. Asegúrese de haber proveído la información requerida en la parte superior de cada examen y en la Hoja de Respuestas.

Su organización educativa o de vivienda, calificará su examen y le dará un Certificado de Graduación una vez que complete exitosamente el curso. Usted puede proveerle su certificado a su Prestamista cuando solicite un préstamo para una casa. Los Prestamistas pueden verificar que usted completó el curso con su organización educativa o de vivienda local.

Hay un número de registro en la portada de enfrente de su libro.

Sólo puede haber un graduado por cada número de registro. Dos personas, aún y cuando estén casadas, no se pueden registrar bajo el mismo número.

Informacion Para Los Estudiantes Independientes

Si usted estudia de manera independiente cualquiera de las 9 lecciones en el curso **Haga Su Movimiento…**, su examen será calificado por la organización que le dio éste libro. Una vez que complete todas las 9 lecciones y exámenes, remueva del libro los 9 exámenes y la Hoja de Salida/Hoja de Respuestas **de Haga Su Movimiento…** La Hoja de Respuestas está localizada delante de los exámenes.

Llene la **porción superior** de la Hoja de Salida /Hoja de Respuestas con su nombre, número de registro, dirección, teléfono, Prestamista (si tiene) y Oficial de Préstamos (si tiene). **Asegúrese de escribir de manera legible.** Esta es la información que la organización educativa o de vivienda utiliza para completar su certificado de graduación. Además de llenar la porción superior de la Hoja de Salida, **también escriba en letras de molde su nombre y número de registro en la parte superior de cada examen que conteste.**

Envíe la Hoja de Salida /Hoja de Respuestas y los exámenes a la organización que le dio el libro.

La organización calificará sus exámenes y, asumiendo que ha pasado cada uno, le enviará a usted su Certificado de Graduación. Si no ha pasado algún examen en particular, la organización que impartió la clase le enviará un examen nuevo para que lo conteste.

Informacion Para Los Usuarios en Salon de Clases

Puede completar cualquiera de las lecciones de Haga Su Movimiento… asistiendo a sesiones de clase, presentadas por organizaciones de vivienda o educativas en su comunidad. Pida un horario de clases a la organización que le dio el libro **Haga Su Movimiento…**

Usted puede asistir a sesiones en el salón de clases en cualquier orden. Sin embargo, se beneficiará más si estudia en orden las lecciones. Para aprovechar más, usted debe leer el material antes de asistir a la clase. En la clase, el maestro o facilitador y los estudiantes tomarán aproximadamente 45 minutos para hablar sobre el material de la lección. Inmediatamente después de la conversación, el instructor debe explicar las preguntas y respuestas del examen con el grupo.

Cuando usted apruebe los exámenes, el maestro firmará la Hoja de Respuestas, localizada en la parte posterior de su libro, delante de los exámenes, indicando que usted ha completado la lección exitosamente. Cuando haya completado todas las 9 lecciones y exámenes, remueva los 9 exámenes del libro. Además remueva la Hoja de Respuestas de **Haga Su Movimiento…** Llene la porción superior de la Hoja de Salida / Hoja de Respuestas con su nombre, número de registro, dirección, número de teléfono, Prestamista (si tiene) y Oficial de Préstamos (si tiene). Además de llenar la porción superior de la Hoja de Salida /Hoja de Respuestas, escriba su nombre y número de registro en la parte superior de cada examen que complete.

Asegúrese de escribir de manera legible. Esta es la información que la organización educativa o de vivienda utiliza para completar su Certificado de Graduación.

Entregue la Hoja de Salida /Hoja de Respuestas y los 9 exámenes a la organización que le dio el libro.

La organización calificará sus exámenes y, asumiendo que ha pasado cada uno, le enviará a usted su Certificado de Graduación. Si no ha pasado algún examen en particular, la organización que impartió la clase le enviará un examen nuevo para que lo conteste.

Si tiene cualquier pregunta acerca del curso **Haga Su Movimiento…** contacte a la Organización Educativa o de Vivienda que le dio su libro. Si tiene más preguntas, comuníquese al Centro Americano para la Educación de Crédito al 888-830-3104.

TABLA DE CONTENIDO

Introducción   page xiii

Lección 1 **USTED QUIERE SER DUEÑO DE CASA. ¿DONDE COMENZAR?**   page 1
¿Está Listo Para La Responsabilidad De Ser Dueño De Casa?
Vea Su Plan De Gastos
Aprenda Quién Está Involucrado En El Proceso De Compra De Casa
Las Tres Verdades Básicas De Los Préstamos Hipotecarios
¿Qué Se Necesita Para Tomar Una Decisión De Crédito?
Los Documentos Que Necesitará Para Su Solicitud De Préstamo
Eligiendo Un Prestamista

Lección 2 **¿COMO ESTA SU HISTORIAL DE PAGO DE CREDITOS?**   page 15
Su Reporte De Crédito
Evaluando Su Información De Crédito
Corrigiendo Errores En Su Reporte De Crédito
Clínicas De Reparación De Crédito

Lección 3 **SER PRE-CALIFICADO O PREAPROBADO PARA UN CREDITO** page 23
La Diferencia Entre Pre-Calificación Y Pre-Aprobación De Crédito
Su Historial De Empleo
Determinando Su Ingreso
¿Qué Deudas Mensuales Tiene?
¿Qué Son Los Índices De Deuda?
El Pago De La Casa (PITI)
Cuentas De Plica
¿Cuánto Dinero Necesitará?
Fondos De Regalo

Lección 4 **¿QUE TIPOS DE PRESTAMOS HAY DISPONIBLES?**   page 43
Los Cuatro Grandes "Vehículos De Préstamo"
Los "Programas Trailer"
Los "Programas De Canastilla De Equipaje"
Otras Opciones Financieras
¿Qué Partes Forman Un Préstamo?
¿Tasas De Interés De Préstamos Hipotecarios Fijas O Variables?

Lección 5 **BUSCANDO UNA CASA**   page 57
¿Cómo Encontrar Una Casa Para Comprarla?
Utilizando A Un Agente De Bienes Raíces
¿Qué Tipos De Casas Hay Disponibles?

Casas Ya Existentes
Construcciones Nuevas
Haciendo Una Oferta De Compra

Lección 6 **FINALIZANDO SU PRESTAMO**   page 81
La Inspección De Casa
El Avalúo
La Certificación De Inundaciones
Seguro Del Título
Planos
Aprobación Completa Del Préstamo

Lección 7 **EL PRESTAMO FUE APROBADO - ¡VAMOS A CERRAR!**   page 87
¿Qué Debe De Esperar Al Momento Del Cierre De Contrato?
Costos De Cierre
Gastos Prepagados O Cuotas De Establecimiento De Plica
¿Cuáles Documentos Es Posible Que Usted Firme En El Momento Del
Cierre?

Lección 8 **USTED ES PROPIETARIO DE CASA ¿AHORA QUE?**   page 103
Haciendo Sus Pagos
¿Qué Pasa Si No Puede Dar Sus Pagos?
Refinanciando Su Préstamo
Manteniendo Su Casa
Mantenimiento General
Mantenimiento De Primavera Y Verano
Mantenimiento Otoño E Invierno
Remodelando O Haciendo Reparaciones
La Dicha De Ser Dueño De Casa

Lección 9 **CUIDESE DE LOS DEPREDADORES**   page 115
Evite Prácticas De Préstamos Depredadores
Todos Somos Blanco De Los Prestamistas Depredadores
"Señales De Precaución" De Prestamos Depredadores
Prácticas Depredadoras
Las Prácticas Depredadoras Potenciales
Métodos Usados Por Prestamistas Depredadores Para Contactarlo
¿Qué Hacer Si Usted Fue Víctima De Prestamos Depredadores?

Hoja de Salida / Hoja de Respuestas   page 127

EXÁMENES DE LAS LECCIONES 1 A 9   page 129

INTRODUCCION

Calificar para un préstamo de casa es como construir una casa; se tiene que empezar con unos cimientos estables y fuertes, el tamaño de sus cimientos será directamente proporcional a su **ingreso**. Si usted tiene un ingreso bajo, los cimientos de su casa serán pequeños. Si usted tiene un ingreso alto, los cimientos de su casa *podrían* ser grandes. Fíjese que decimos *podrían;* ya que hay otros factores que pueden limitar cuánto puede gastar en su casa, tales como la cantidad de deudas que tiene, su historial crediticio, o la estabilidad de su trabajo.

Si el ingreso son los cimientos de su casa, su **historial de crédito** es la estructura de la misma. Cómo paga sus recibos y la forma en que maneja su crédito afectará la estabilidad de su estructura. Un buen historial de crédito representa una estructura fuerte, mientras que pagos retrasados y un manejo pobre de sus finanzas puede crear debilidad estructural en su casa. Por supuesto que las cuarteaduras pueden ser reparadas y fortalecidas al igual que su crédito.

Su **historial de empleo** es lo que mantiene un techo sobre su cabeza. Mientras siga trabajando, podrá ganar dinero, y el dinero paga los cobros. Mucha gente que recibe beneficios de Seguro Social, pensiones, programas de asistencia garantizada, aquellos que reciben ingresos por inversiones, etc. pueden calificar también para préstamos de casas. De hecho, un prestamista puede considerar la mayoría de los tipos de ingresos garantizados, que continúen por lo menos tres años en lugar del tradicional ingreso de "trabajo".

La cantidad de **deudas** que usted tiene, puede abrir o cerrar la puerta a su casa. Si tiene muy pocas deudas, habrá más dinero disponible para gastarlo en una casa. Por el contrario, si tiene muchas deudas, habrá menos dinero para gastar en una casa.

¿Qué lo mantendrá a salvo y protegido cuando las cosas se pongan difíciles? **Los Ahorros.** Sus ahorros harán posible que se proteja de las tormentas financieras y problemas que aparezcan de vez en cuando en su vida. Sin ahorros en los cuales apoyarse, ¿cómo va a poder reparar el techo dañado, cubrir el pago de la casa en caso de que pierda su trabajo o reemplazar el calentón de agua o la calefacción cuando se descompongan? Todas estas son sus responsabilidades por ser dueño de una casa. No son responsabilidad de ninguna agencia de gobierno, banco o arrendatario. La preparación adecuada para lo inesperado, mantendrá el techo sobre su cabeza y hará que la experiencia de ser propietario de una casa sea menos estresante.

Si desea comprar una casa, le será requerido que muestre algunos ahorros. Hay costos involucrados en el proceso de compra de una casa y en la mayoría de los casos, usted debe pagar algunos, o todos esos costos. En el momento de solicitar el préstamo, usted debe poder demostrar que contará con la cantidad mínima necesaria para cubrir su contribución requerida antes de su fecha de cierre o debe ser capaz de explicar cómo conseguirá el dinero.

Empleo

AHORROS

CREDITO

DEUDAS

INGRESO

Hay muchos programas de préstamos disponibles, algunos de esos programas requieren muy poquito dinero de enganche y le ayudan a cubrir algunos de los costos de cierre de la transacción, haciendo que el ser propietario de una casa sea una meta alcanzable para la mayoría de la gente.

El averiguar para qué préstamos califica es como armar un rompecabezas gigante, del tipo de rompecabezas que puede tener varias soluciones. El oficial de préstamos le hará preguntas y cada respuesta es una pieza de su rompecabezas gigante. Existen cientos de préstamos, pero cada uno tiene normas o reglas ligeramente distintas. A medida que va contestando las preguntas, los préstamos para los que no cumple los requisitos van siendo eliminados. Puede que haya muchos tipos de préstamos para los cuales califica o puede que haya solo uno. Es posible que pueda comprar enseguida, o que necesite reducir su deuda, esperar a tener más tiempo en el trabajo, incrementar su ingreso o ahorrar primero algún dinero.

Su oficial de préstamos debe decirle qué necesita hacer para calificar para una casa, por cuánto califica, y aproximadamente cuánto dinero en efectivo necesitará para cubrir su cuota de solicitud o aplicación, enganche y costos de cierre de contrato.

Algo muy importante que hay que tener en mente es que un prestamista le va a decir para qué pago califica, no cuanto puede pagar. Mucha gente califica para un pago más alto de lo que en realidad pueden pagar. *Usted* debe determinar cuánto puede dar como pago de casa, en su plan mensual de gastos y de acuerdo a su estilo de vida.

Muchas cosas afectan cuánto dinero tiene disponible para su pago de casa que el prestamista no toma en consideración en el proceso de calificación — su estilo de vida, alguna condición médica, ya sea que le guste viajar o salir a cenar seguido. ¿Tiene hijos? ¿Tiene mascota y cuentas del veterinario? ¿Qué distancia maneja al trabajo y cuánto le cuesta? ¿Cuánto paga por el seguro de su carro? Todas estas cosas varían de una persona a otra. Usted debe tomar todo esto en cuenta en su plan mensual de gastos. Ya que son gastos discrecionales o flexibles, el prestamista no los toma en cuenta a la hora de considerar sus deudas, **así es que usted debe determinar qué cantidad puede pagar cada mes.**

Durante el curso de éste programa, usted aprenderá lo que necesita llevar cuando solicite un préstamo, qué es lo que los prestamistas toman en consideración para decidir si es usted un comprador digno de crédito, qué tipos de programas de préstamos hay disponibles, qué tipos de cuotas están involucradas en el proceso de compra de una casa, quienes son los profesionales involucrados en el proceso de una transacción de bienes raíces, y qué otros documentos legales probablemente le pidan que firme. La información en éste libro le servirá de guía en el proceso de compra de casa. Como existen tantos programas, fondos de asistencia y criterios de préstamos, es imposible que los cubramos todos en éste libro o en una clase. **Así es que, usted necesita ir con un prestamista o hasta con varios prestamistas, para averiguar lo que hay disponible, para qué califica, cuánto dinero necesitará y qué pasos debe seguir para calificar si no califica ahora mismo.**

Que no le avergüence decir "No entiendo" cuando esté leyendo documentos o escuchando la explicación de algún profesional. Si no entiende, no es porque sea usted muy viejo o no sea lo suficientemente listo o no sea bueno para los números. Es porque la persona que está explicando no hizo un buen trabajo. Es su trabajo y responsabilidad explicarle a usted todo en términos en los que usted pueda entender, y es la responsabilidad de usted hablar y decir cuando no entienda algo. No sea una victima del síndrome del "Sí". Esto es cuando alguien explica algo y usted dice a todo que "sí, sí, sí" con la cabeza, cada vez que le preguntan si entiende lo que le están explicando cuando en realidad no es así. Usted sólo quiere terminar, firmar, e irse a cenar. **No tomarse el tiempo para entender la información podría causarle problemas graves después.** No permita avergonzarse.

Saber qué se involucra en el proceso de compra de una casa, le ayudará a entender que se espera de usted y de los demás participantes y le ayudará a hacer el mejor trato posible. Esto es especialmente importante cuando está firmando un documento de un préstamo a 15, 20 o 30 años.

No cometa el error de tratar de descalificarse así mismo y decidir que no hay forma de que usted pueda comprar una casa. **Para comprar una casa, se requiere de mucho menos dinero de lo que la mayoría de la gente piensa.**

Es impresionante lo que puede lograr cuando se fija metas para sí mismo y entiende qué necesita para alcanzarlas.

Usted puede cumplir su sueño de ser propietario de una casa.

LECCION 1

QUIERE COMPRAR UNA CASA. ¿POR DÓNDE EMPEZAR?

Pregúntese así mismo "¿Estoy listo para la Responsabilidad de ser dueño de una casa?"

El primer paso es hacerse así mismo un par de preguntas. ¿Está listo para ser dueño de una casa? ¿Está listo para vivir en el mismo lugar durante un tiempo? Toma tiempo vender una casa y hay costos involucrados. Poseer una casa puede ser más caro que rentar, porque usted será responsable por todos los gastos que estaban incluidos en su renta anteriormente. ¿Está usted preparado para pagar los gastos adicionales, el seguro de la casa, los impuestos de la propiedad y las reparaciones de su casa? ¿Está preparado para realizar el mantenimiento necesario para conservar una casa?

Por supuesto que el ser dueño de una casa tiene muchas ventajas. Establecerá raíces en su comunidad, y tendrá una casa que decorar a su gusto. Podrá tener mascotas. Tendrá una inversión que puede construir valor líquido, o valor monetario para usted, y también le da beneficios tributarios como propietario de una casa.

Vea su plan de gastos

Independientemente de su ingreso, necesitará sentarse a examinar su plan de gastos mensual y su estilo de vida. Nadie quiere ser "pobre con casa". Si gasta demasiado en el pago de una casa, es posible que no le quede nada de dinero para salir a cenar, ver una película de vez en cuando o ir de viaje. Si está viviendo de un cheque de pago a otro, o usando tarjetas de crédito para cubrir algunos de sus cobros actuales, el comprar una casa en éste momento puede que no sea lo correcto para usted. Para algunas personas, un pago de casa nuevo que sea más alto que su renta actual, puede que no le deje suficiente dinero para sus otras necesidades, tales como, medicinas, seguro, cobros de servicios, o hasta para alimentos. ¿Está dispuesto a hacer algunos cambios en sus hábitos y estilo de vida para poder comprar una casa? Solamente usted puede tomar ésta decisión.

Los planes financieros, planes de gastos, presupuestos, etc. son todos muy exclusivos para cada individuo. Frecuentemente, la gente quiere saber cómo se ve el presupuesto o plan de gastos ideal, pero un presupuesto o plan de gastos depende de muchos factores cómo el tamaño de su familia, la edad de los miembros de su familia, la salud de su familia, su situación financiera actual así como dónde

HOJA DE TRABAJO DEL PLAN MENSUAL DE GASTOS

INGRESO	ACTUAL	AJUSTADO PARA METAS
Sueldo Mensual Bruto		
Ingreso Mensual Bruto de Socio		
Sueldo Mensual Bruto de Empleo de Medio Tiempo		
Pension Alimenticia / Otro Ingreso		
TOTAL DE INGRESO MENSUAL BRUTO		
DEDUCCIONES DE PAGO		
Menos (-) Impuestos Federales / Impuestos Estatales		
Seguro Social / Medicare		
Seguro Médico / De Vida / Dental		
JuBilación		
(-) **TOTAL DE DEDUCCIONES MENSUALES**		
(=) **TOTAL DE INGRESO NETO MENSUAL**		
GASTOS MENSUALES		
GASTOS FIJOS		
Ahorros		
Renta o Pago de Hipoteca (PITI)		
Pago(s) de Auto(s)		
Préstamo(s) Escolar(es) - Pago Mensual Total		
Gastos de Cuidado Infantil		
Manutención de Hijos/Pensión Alimenticia		
Otros Préstamos a Plazo		
GASTOS PERIODICOS		
Servicios - Gas		
- Electricidad		
- Teléfono/teléfono Celular		
- Agua		
- Recolección de Basura		
Seguro de Auto(s) / Registro de Auto(s) /Placas		
Mantenimiento de Auto(s)/ Cambios de Aceite, Llantas, Reparaciones		
Mantenimiento de Casa / Reparaciones		
Médicos / Medicinas / Dentales / de la Vista		
GASTOS FLEXIBLES		
Alcohol / Tabaco		
Cumpleaños / Aniversarios / Regalos Para Ocasiones Especiales		
TV por Cable / Servicio de Internet / Renta de Videos/ DVDs		
Contribuciones Caritativas		
Ropa		
Pagos de Tarjetas de Crédito		
Gasolina / Estacionamiento / Autobus / Tren / Metro		
Alimentos / Productos Para La Casa / Productos de Papel		
Cuidado del Pelo / Cuidado Personal		
Pasatiempos / Deportes / Gimnacio / Actividades de los hijos		
Lavandería y/o Tintorería		
Comidas en Restaurante / Entretenimiento		
Periódicos / Revistas / Libros		
Abastecimientos Para Mascota / Cuentas de Veterinario		
Correo / Cuotas del Banco		
Vacaciones		
TOTAL DE GASTOS MENSUALES		
Ingreso Neto Mensual		
(-) **Total de Gastos Mensuales**		
(=) **(+) Dinero Extra o (-)Faltante**		

vive y trabaja. Por ejemplo, podríamos desarrollar un plan básico de gastos para una familia en una comunidad metropolitana y decir que "esto es lo ideal." Sin embargo, ¿sería ideal para una familia de 2, o para una familia con un miembro que esté seriamente enfermo, o una familia de 6 con niños chicos o una familia que viva en una granja?

El desarrollar planes financieros, planes de gastos, presupuestos-o como usted quiera llamarlos — necesita hacerse de manera individual. Muchas agencias no lucrativas de consultoría de crédito y consultoría de vivienda proveen éste servicio. Tienen consejeros capacitados que pueden ayudarle a desarrollar un plan personalizado de gastos.

Al prepararse para comprar una casa, usted necesita hacer un plan de gastos, o si usted ya está utilizando uno, necesita actualizarlo. Antes de empezar, necesitará juntar algunas cosas: sus talones de pago más recientes, durante un período de un mes, sus cobros mensuales más recientes, los cobros recientes de su(s) tarjeta(s) de crédito, pago(s) del carro, préstamo(s) estudiantiles, cobros de servicios mensuales, renta o pago de hipoteca, tele-cable, etc. También necesitará tener a la mano el registro de su chequera o recibos de los giros para tener referencia de otros gastos que pueda tener, tales como alimentos, cenas en restaurantes, idas al cine, gasolina para el carro etc. Necesitará papel para escribir y de ser posible una calculadora. Una vez que tenga todo lo anterior a la mano, estará listo para averiguar su ingreso.

Necesitará determinar su **ingreso bruto**, y su **ingreso neto**. **Ingreso bruto** es la cantidad que gana antes de que le hagan deducciones de impuestos, seguros, asignaciones, etc. Lo que le queda después de las deducciones es su **ingreso neto** (la cantidad en su cheque de pago). Los prestamistas basan sus cálculos en su ingreso bruto, mientras que usted basa su plan mensual de gastos en su ingreso neto (la cantidad real que lleva a su hogar).

Determine su ingreso neto mensual y escríbalo al principio de la hoja de trabajo de su plan mensual de gastos. Luego, escriba todos los gastos fijos que tiene. Gastos fijos son todos los cobros recurrentes de cada mes y los cobros que siempre son los mismos, tales como la renta, pago del carro, préstamos estudiantiles, manutención de sus hijos, etc. Necesitará sacar el promedio de sus cobros de servicios mensuales durante el año (sume sus cobros mensuales durante el último año y divídalos entre 12) y escriba cualquier otro gasto periódico. Gastos periódicos son facturas que tiene que pagar y que no le cobran cada mes, sino en intervalos periódicos tales como el seguro del carro, mantenimiento del carro, gasolina, etc. Finalmente

NOTES

necesitará hacer también una lista de cualquier gasto flexible que tenga. Gastos flexibles son los gastos sobre los cuales tiene algún control como el servicio de cable para la televisión, servicio de Internet, alimentación, ropa, pagos de tarjetas de crédito, cortes de pelo, regalos de cumpleaños y días festivos, periódicos, revistas, entretenimiento, etc. Use el libro de registro de su chequera para saber a dónde ha estado yendo su dinero.

Ahora, sume sus gastos fijos, sus gastos promediados o periódicos y los gastos flexibles. Esto le mostrará aproximadamente cuánto gasta cada mes. Reste la cantidad total de sus gastos a su ingreso.

Si la respuesta es 0 o un número negativo, **usted no esta financieramente listo** para comprar una casa. Usted ya está en camino a dificultades financieras. Probablemente le convendría visitar a un consejero financiero, organizaciones no lucrativas de consejería de crédito o a un consejero de vivienda autorizado por HUD para que le ayuden a desarrollar un plan de gastos realista y un plan de acción para ayudarlo a alcanzar su meta de ser dueño de una casa.

No todas las agencias de consejería son lo mismo. Busque en el directorio telefónico y encontrará numerosas organizaciones que ofrecen ayuda para salir de deudas. Cuando esté escogiendo una agencia de consejería de crédito, debe elegir una que sea no lucrativa, que tenga varios años de servicio y que esté acreditada. Debe elegir una organización que no solamente le ayude con sus cobros de tarjetas de crédito; escoja una que le ayude con sus cobros médicos, cuentas en proceso de recaudación, y todas sus tarjetas de crédito. Una agencia de consultoría de crédito, debe estar dispuesta a enviarle información acerca se sus servicios y cuotas por escrito. Busque una organización de consultoría de crédito que ofrezca programas educativos que también le serán de mucha ayuda.

Las agencias de consultoría de crédito proveen muchos programas distintos de asesoría financiera, asesoría de vivienda, o programas educativos que benefician a **todos** los consumidores. **Los programas de consultoría crediticia no son sólo para las personas con problemas de crédito**. Quizá usted necesite ayuda para desarrollar un presupuesto manejable que le permita ahorrar algo de dinero para emergencias, para unas vacaciones, o para la educación académica de sus hijos. Algunas veces todo lo que se necesita es contar con otro par de ojos "imparciales" para que le echen un vistazo a sus hábitos de gastos. Es posible que un consejero de crédito vea qué cambios puede usted hacer que le darán el dinero extra que necesita para alcanzar su meta. *Estos servicios no afectan su crédito*. Las agencias de consultoría crediticia pueden ofrecer una gran variedad de servicios, los servicios que se proveen más comúnmente son los **programas de manejo de deudas** o los **planes de consolidación de deudas**.

En un programa de manejo de deuda o en un plan de consolidación, la agencia de consultoría de crédito negociará con cada uno de sus acreedores para reducir o eliminar los cargos de intereses y cuotas para obtener un pago mensual manejable para usted. Usted hará sólo un pago mensual a la agencia de consultoría de crédito y ellos le pagarán a todos sus acreedores incluidos en el plan que usted acordó. No todos los acreedores estarán de acuerdo en reducir sus intereses o cuotas. Aquellos acreedores que sí estén de acuerdo, usualmente lo harán sólo si se les paga a través de la agencia de consultoría de crédito. Puede que haya algunos acreedores que acepten negociar directamente con usted; no pierde nada con preguntar.

Un *programa* de consolidación de crédito ofrecido a través de una organización de consultoría de crédito <u>no es lo mismo</u> que un *préstamo* de consolidación de deudas ofrecido por un prestamista.

Un préstamo de consolidación de deudas a través de un prestamista, es cuando el prestamista le da un nuevo préstamo para pagar muchas otras deudas o cobros actuales. Usted termina con un solo pago en vez de muchos distintos. Un préstamo de consolidación es generalmente un préstamo a plazo, lo que significa que tiene que ser pagado en un período específico de tiempo. Tenga cuidado de no consolidar muchos cobros en otra tarjeta de crédito o préstamo rotativo. Puede tomarle mucho más tiempo pagar un préstamo rotativo, ya que el pago mensual es usualmente un porcentaje del saldo restante y disminuye a medida que el balance se reduce.

Así es que cuando esté retrasado con sus pagos y tenga problemas para hacer los pagos completos, piense en utilizar un programa de manejo de deudas o un plan de consolidación de deudas de alguna organización de consultoría de crédito. Si está haciendo pagos parciales o tiene alguna cuenta que está en proceso de recaudación, su calificación de solvencia se verá afectada y el utilizar un programa de manejo de deudas o un plan de consolidación de deudas le ayudará a volver al camino correcto.

No debe usar un programa de manejo de deudas o un plan de consolidación de deudas si su crédito está en excelente condición ni cuando pueda hacer sus pagos mensuales completos, para evadir pagar cargos de intereses altos. En éste caso, el usar un programa de manejo de deudas puede afectar su buen crédito.

El comprar una casa implica una serie de pasos que todo mundo tiene que cumplir. El primer paso puede ser poner sus finanzas en orden. Es posible que necesite pagar completamente algunos cobros para reducir sus deudas, cambiar en qué o la forma en la que gasta su dinero, para que no se endeude más. Puede que sea poner su crédito en orden pagando sus préstamos en proceso de recaudación, gravámenes por fallo o pagando sus cobros a tiempo. El siguiente paso puede que sea empezar a ahorrar algo de dinero, aunque sea una pequeña cantidad mensual. Algunas personas tienen pocos obstáculos y son capaces de completar los pasos rápidamente. Para otros puede ser un proceso más largo.

Averigüe qué pasos tiene que tomar para empezar y comience con el primero. El proceso no es abrumador si lo toma un paso a la vez.

Muy seguido, individuos y familias se preguntan cómo van a conseguir los dólares adicionales para pagar sus deudas o ahorrar dinero. Si ésta es su preocupación, debe empezar un registro de cada centavo que gasta — *¡así es, cada centavo!* Necesita hacer esto durante tres meses. ¿Por qué tres meses? Porque el primer mes usted va a ser muy bueno al fijarse cómo gasta su dinero, pero para el tercer mes usted habrá vuelto a sus patrones de gastos habituales. Esto le dará una descripción realista de adonde va su dinero. Todo lo que necesita es una pequeña libreta de bolsillo. Ambas personas en el hogar (si hay dos) necesitan hacer esto. Al final de tres meses, usted podrá ver dónde está gastando usted su dinero no esencial. Una vez que usted sepa a donde va su dinero, usted podrá usar ese dinero para pagar deudas, comprar una casa o alcanzar otras metas que se haya fijado.

Si le sobra dinero necesita determinar si es suficiente para absorber el costo creciente de ser dueño de una casa. ¿Puede comprar una cortadora de césped, una manguera y un rastrillo? ¿Hay suficiente dinero para pagar la electricidad, gas, agua, drenaje, y cobros de recolección de basura de los que ahora será usted responsable? ¿Podrá pagarle a un plomero para que repare el retrete, lavabo que gotea o tubería rota? ¿Necesitará comprar cortinas, muebles, un refrigerador, estufa o aire acondicionado? ¿Qué pasaría si los impuestos de propiedad o seguro aumentaran? **Necesita saber la respuesta a estas preguntas antes de comprar una casa.**

Si escribe un plan mensual de gastos, usted podrá ver cuánto dinero recibe al mes y a dónde va cada mes. Le ayudará a ajustar cómo gasta usted su dinero para que pueda alcanzar cualquier meta que se haya fijado para si mismo, tales como comprar una casa, un fondo para emergencias o dinero para alguna compra mayor. Algunas personas se dan cuenta que el tener una foto de su meta en el refrigerador, o en alguna otra ubicación central, sirve como un buen recordatorio mientras trabajan por alcanzar su objetivo. Probablemente le convenga tener una jarra grande con una foto de una casa, para juntar el cambio y dinero extra, servirá como recordatorio visual de su meta mientras vacía sus bolsillos cada noche. Si su meta no está siempre presente en su mente es fácil olvidarse de ella. ¡Algunas metas toman más tiempo para ser alcanzadas pero ésas son las que usualmente uno valora más!

Aprenda quien está involucrado en el proceso de compra de una casa

El Comprador — El Comprador es la persona, personas o entidad (tales como un fideicomiso o corporación) interesada en comprar una casa o propiedad.

El Vendedor — El Vendedor es la persona, personas o entidad (tales como un fideicomiso o corporación) interesada en vender una casa o propiedad.

El Prestamista — El Prestamista es el banco, cooperativa de ahorro y crédito, agente, entidad privada u otra institución financiera que le prestará todo o parte del dinero necesario para comprar una casa o propiedad. El Prestamista recibe una compensación a través de cuotas cobradas al cierre de la transacción. Esas cuotas pueden ser las cuotas de originación, cuota de compromiso, cuota de financiamiento, cuota por preparación de documentos o puntos de descuento.

El Originador del Préstamo u Oficial de Préstamo — El Originador del Préstamo u Oficial de Préstamo es la persona empleada por el Prestamista para aceptar su solicitud, recaudar su documentación y enviarla a la gente apropiada para ser revisada y procesada. El Originador del Préstamo u Oficial es responsable por explicarle a usted el proceso, la documentación y cualquier cláusula requerida, en términos que usted entienda. El Prestamista le paga al Originador de Préstamo un salario base, comisiones o una combinación de ambos.

El Agente de Bienes Raíces — El Agente de Bienes Raíces es la persona que trabaja con los Vendedores para poner su casa o propiedad en el mercado para venderla y/o con los Compradores para comprar una casa o propiedad. Generalmente el Vendedor le paga al Agente de Bienes Raíces de las ganancias de la venta.

NOTES

El Abogado de Bienes Raíces — El Abogado de Bienes Raíces es una persona que puede ayudarle a los Compradores o Vendedores a escribir o revisar el Contrato de Compra o Escrituras de la propiedad. Puede aconsejar y representar a sus clientes en una transacción de bienes raíces. El Agente de Bienes Raíces puede ser pagado directamente por su cliente u obtener su dinero al cierre de la transacción a través del Agente de Cierre de Contrato.

El Inspector de Casas — El Inspector de Casas es la persona que usted contrata para que examine la casa que desea comprar. El trabajo del Inspector es determinar la condición actual de seguridad, mantenimiento y problemas estructurales que existan o puedan desarrollarse en un futuro. Generalmente al Inspector de la Casa le paga directamente el Comprador, cuando realiza la inspección. En algunas áreas, puede que el inspector obtenga su comisión a través del Prestamista en el momento de la solicitud de préstamo o a través del Agente de Cierre de transacción en el momento del cierre de contrato.

El Valuador — El Valuador es la persona responsable por determinar el valor de venta de una casa. El Prestamista usualmente obtiene la cuota de avalúo para el Valuador en el momento de llenar la solicitud de préstamo.

Agrimensor — El Agrimensor es la persona que toma las medidas y hace los dibujos de las propiedades para mostrar los límites exactos de su propiedad. El plano también muestra dónde se ubican elementos de la propiedad tales como cocheras, bardas, entradas de coches y cobertizos. El costo de la agrimensura, generalmente se cobra en los costos de cierre de contrato.

El Suscriptor — El Suscriptor es la persona contratada por el Prestamista para revisar los archivos de solicitudes de préstamo para tomar las decisiones hipotecarias. Puede que el Subscriptor no se ubique en la misma ciudad o estado donde usted está llenando la solicitud. El subscriptor revisa la información y documentación para ver si cumple con todos los requisitos del préstamo en cuanto a la calificación de crédito y condiciones de la propiedad. Si el préstamo cumple los requisitos, el Subscriptor aprobará el préstamo. Si la información y documentación no son muy claras, el Subscriptor puede requerir documentación adicional como requisito de aprobación. Si el préstamo no cumple los requisitos, el Subscriptor puede negar el préstamo. La cuota de subscripción, si hay tal, se cobra en el momento del cierre.

La Compañía de Seguro Hipotecario — Si usted da menos del 20% de enganche en un préstamo convencional, le será requerido que agregue a su préstamo un Seguro Hipotecario. Seguro Hipotecario es una póliza de seguro que reduce el riesgo para el Prestamista si usted no cumple con el préstamo. La Compañía de Seguro Hipotecario puede también avalar o revisar su archivo para aprobación. Si usted no cumple con los criterios de subscripción, es posible que le nieguen la cobertura de seguro, y en ese caso el Prestamista puede negarle el préstamo. Algunos prestamistas le pueden ofrecer una tasa de interés más alta y/o puntos de descuento para "auto asegurar" el préstamo. Esto significa que el Prestamista tomará el dinero extra generado por la tasa de interés más alta y/o puntos de descuento para proveer su propia "cobertura de seguro" por el riesgo de incumplimiento. **No todos los Prestamistas están dispuestos o pueden proveer ésta opción y no todos los tipos de préstamos son elegibles para la misma**. La póliza de Seguro Hipotecario (MIP por sus siglas en inglés) se cobra por lo general mensualmente como parte del pago de su casa. Sin embargo también se puede cobrar de contado en el momento del cierre del contrato, financiarse en el préstamo, o como una combinación de estas opciones de pago. El seguro hipotecario puede ser cancelado una vez que usted tenga de 75 a 80 % de valor líquido en su casa. Puede que se requiera hacer otro avalúo para mostrar el valor actual de la casa y usted debe cumplir los requisitos del Prestamista en cuanto a la puntualidad de sus pagos.

La Compañía de Seguros — La Compañía de Seguros provee cobertura de seguro para proteger a ambos el Comprador y Prestamista contra daños a, o pérdida de la propiedad. Los primeros años las pólizas de seguro se pagan directamente a la compañía de seguros por el Comprador, antes del cierre del contrato o se cobra en el momento del cierre de la transacción.

La Compañía de Títulos — La Compañía de Títulos es responsable por investigar la cadena de dueños de la propiedad y proveer seguro para el Prestamista y Dueños, si se desea o se requiere para la protección del Título de la propiedad. La cuota por la Búsqueda del Título y Seguro de Título es cobrada por la Compañía de Títulos por la persona que lleva a cabo el cierre de la transacción.

Agente de Cierre de Transacción — El Agente de Cierre de Transacción puede ser un Abogado, un empleado de la Compañía de Títulos o Agente de Plica, un Agente de Bienes Raíces o el Prestamista. El Agente de Cierre de Transacción es la persona responsable de explicarle las cuotas de cierre de contrato, los documentos y las condiciones, cobrar o devolver cualquier dinero que se deba y ser testigo de su firma en los documentos de cierre de contrato. La cuota para el Agente de Cierre se cobra en el momento del cierre de transacción.

La Compañía de Servicio — La Compañía de Servicio es responsable de recibir sus pagos, aplicarlos a su cuenta y mandar los pagos de su cuenta de plica. La compañía de servicio puede no ser la que le otorgó el préstamo. Muchos prestamistas venden o transfieren el servicio de sus préstamos a otra compañía. Esto puede suceder en el momento del cierre del contrato o en cualquier momento después del cierre. La Compañía de servicio debe notificarle con anticipación si ocurre cualquier cambio. Los términos de su préstamo no pueden cambiarse de ninguna forma. Sólo la dirección a la que usted manda su pago. La Compañía de servicio toma su pago de los intereses cobrados a su préstamo cada mes.

Hay 3 Verdades Básicas Sobre Los Préstamos Hipotecarios

1. **Se requiere dinero para que le presten dinero.** En la mayoría de los casos, se necesitará que usted tenga una cantidad mínima de dinero propio para las cuotas de solicitud, enganche, o costos de cierre de contrato. El Comprador tiene que pagar al contado los reportes de crédito, avalúos, inspecciones de la casa, y pólizas de seguro de propietario de casa. En algunos casos las cuotas pueden ser reembolsadas en el momento del cierre del contrato.

2. **No puede sacar un préstamo para conseguir otro préstamo.** En la mayoría de los casos usted no podrá sacar un préstamo sin garantía para conseguir la cantidad mínima para invertir en las cuotas de solicitud, enganche, o costos de cierre de contrato. Debe ahorrar el dinero por sí mismo o demostrar que el dinero vendrá de un préstamo garantizado.

3. **Sólo su palabra no es suficiente. Necesita proveer la documentación que corrobore su ingreso, historial de pagos y capital para cerrar el trato.** En la mayoría de los casos, la persona que toma la decisión sobre su préstamo no es su oficial de préstamos, sino un subscriptor, generalmente ubicado en otra ciudad o estado. El subscriptor debe ser capaz de tomar su archivo, ver la documentación y poder saber exactamente cual es su situación sin tener que hablar con usted. Si los documentos que están siendo revisados no reflejan la situación, su préstamo será suspendido para obtener información adicional que pueda ser verificada. Si la información no puede ser verificada, el préstamo puede ser negado. Mientras más completa y correcta sea su documentación, más rápido se aprobará su préstamo.

Toda la documentación que le pidan sirve para verificar la

información necesaria para saber si usted cumple los requisitos de éstas tres verdades básicas.

¿Qué necesitará saber el prestamista para tomar una decisión de crédito?

Cambiemos los papeles por un momento. ¿Qué querría **usted** saber de **mí** antes de prestarme algo de dinero?

¿Tengo trabajo? ¿Trabajo para alguien o soy mi propio jefe? ¿Cuánto gano? ¿Cuánto tiempo llevo en mi trabajo o con mi negocio? ¿Pago mis deudas a tiempo? ¿Estoy atrasado con algún cobro? ¿Qué otros pagos tengo cada mes? ¿De cuánto son esos pagos? ¿Estoy en *algún proceso de recaudación o en algún juicio? ¿Por qué no he pagado todavía? ¿Por qué motivo tengo cuentas en proceso de recaudación? ¿Dónde está la casa que quiero comprar? ¿En qué condiciones está? ¿Cuánto vale la casa? ¿Tengo el dinero suficiente para pagar las cuotas involucradas en el proceso de compra de la casa? ¿Cuánto puedo dar de enganche? ¿Cuánto puedo pagar mensualmente? ¿Qué tasa de interés estoy dispuesto a pagar? ¿En cuánto tiempo podré terminar de pagar el préstamo?*

Estas son sólo algunas preguntas que probablemente usted querría que le contestara antes de prestarme dinero para comprar una casa. Bueno, son las mismás cosas que un Prestamista Hipotecario querría saber acerca de usted, si usted estuviera solicitando un préstamo para una casa. El Prestamista evaluará la información para determinar si usted es un riesgo positivo para su préstamo.

El prestamista necesita saber que usted **gana el dinero suficiente** para pagar el préstamo, que usted **está dispuesto a pagar el préstamo** y que **la casa que usted está comprando vale por lo menos la cantidad que usted está pidiendo prestada.**

Comience a Juntar los Documentos que Necesitará para su Solicitud de Préstamo

Cuando vea a un Prestamista para solicitar un préstamo hipotecario, le van a pedir que lleve algunos documentos para el proceso de calificación.

Su proceso de precalificación o preaprobación será mucho más fácil y el Oficial de Préstamos le podrá dar cifras más acertadas de calificación, si lleva los siguientes documentos (los que le correspondan) a su visita inicial. Sin la información más reciente, todo será adivinanzas.

LISTA DE DOCUMENTOS QUE TRAER PARA
LA SOLICITUD O PRECALIFICACION PARA EL PRESTAMO

☐ Los talones de cheque de pago más recientes que cubran un período de 30 días de todos los solicitantes.

☐ Documentación de Fuentes Alternas de Ingreso – Cartas de Adjudicación, Estados de Cuenta, etc.

    ☐ Seguro Social   ☐ Pagos de la tribu   ☐ Asistencia Económica

    ☐ Pensión   ☐ Regalías   ☐ Desempleo Temporal

    ☐ Manutención de hijos   ☐ Pensión Alimenticia   ☐ Estados de Cuenta de Inversiones

☐ Formularios W-2's de todos los empleos, de todos los solicitantes, de los últimos 2 años.

☐ Declaraciones de Impuestos de todos los solicitantes, de los últimos 2 años, con todo el catálogo.

    Si tiene su propio negocio:

    ☐ Declaraciones de Impuestos del Negocio de los últimos 2 años (con todo el catálogo)

    ☐ Declaración de pérdidas y ganancias del año a la fecha del negocio.

☐ Estados de cuenta de todas las cuentas bancarias de los últimos 2 meses.

☐ Estados de cuenta de todas las cuentas de inversión de los últimos 2 meses (si aplica para usted)

☐ VA Certificado de Elegibilidad de (si aplica)   ☐ DD-214 o Declaración de Servicio (si aplica)

☐ Identificación (correspondiente a su situación)

    ☐ Licencia de Manejar   ☐ Tarjeta de Seguro Social   ☐ Tarjeta Verde/VISA

☐ Acta de Divorcio, incluyendo el acuerdo de traspaso de propiedades y estipulaciones (si aplica)

☐ Documentación de Bancarrota, con todos los catálogos e información de la absolución (si aplica)

☐ Lista de sus cobros mensuales actuales: Pago Mensual, Saldo a Deber, Número de Cuenta

Préstamos de Coches	Número de Cuenta	Pago Mensual	Saldo a Pagar

Préstamos Estudiantiles	Número de Cuenta	Pago Mensual	Saldo a Pagar

Préstamos en Bancos o Cooperativas de Ahorro y Préstamo, Líneas de Crédito, Protección de Sobregiro	Número de Cuenta	Pago Mensual	Saldo a Pagar

Tarjetas de Crédito	Número de Cuenta	Pago Mensual	Saldo a Pagar

Manutención de Hijos/Pensión Alimenticia	A Quién se le Paga	Cantidad Mensual	Edades de los Niños

Es posible que su prestamista le pida documentación adicional a medida que necesite para su préstamo y situación.

Si usted tira sus documentos cada mes, *¡comience a guardarlos!* Los necesitará para su solicitud.

1. **Los talones de pago de nómina más recientes que cubran un periodo de un mes**. Las personas a las que les pagan una vez al mes sólo necesitan llevar un talón de pago. Si a usted le pagan dos veces al mes, necesitará dos, y si le pagan cada semana, necesitará cuatro talones de pago. Si no tiene trabajo, pero recibe un ingreso de alguna fuente alterna, como Seguro Social, pensión, asistencia monetaria, ingreso por inversiones, pensión de manutención de hijos menores, pensión alimenticia, regalías, empleo de temporada, etc., necesitará traer su documentación actual que muestre cuánto recibe y durante cuánto tiempo.

2. **Sus formularios W-2 de todos los lugares donde ha trabajado durante los últimos dos años.**

3. **Declaraciones de impuestos de los dos últimos años**. Si usted es su propio jefe, también necesitará **una declaración actualizada de pérdidas y ganancias**. Si declara los impuestos del negocio por separado, traiga las declaraciones de los últimos dos años del negocio.

4. **Los estados de cuenta de los dos últimos meses de todas sus cuentas de banco e inversiones.**

5. **Una lista de sus actuales cobros mensuales** incluyendo: tarjetas de crédito, pagos de carro, préstamos estudiantiles, pensión de manutención de hijos o alimentación, préstamos, préstamos a plazo, programas de manejo de deudas, etc. Mostrando el saldo actual y pago mínimo mensual, y número de cuenta.

6. Si usted no es ciudadano americano, debe proveer una copia de su **visa** de **E.U.** o **Cartilla Verde** y tarjeta de seguro social.

7. **Acta de divorcio**, incluyendo acuerdos sobre propiedades y estipulaciones, si aplican.

8. Una copia de sus **documentos de bancarrota**, con todos los documentos e información de absoluciones, si aplica.

Cada Prestamista tiene sus propios requisitos. Su Oficial de Préstamos puede pedirle que lleve documentación adicional para cumplir con las políticas de la empresa, si no ha establecido historial de crédito, si no tiene un ingreso tradicional, o por circunstancias especiales, o porque los programas específicos como los préstamos para Veteranos Americanos así lo requieren.

Si usted tiene la costumbre de tirar sus talones de pago, estados de cuenta, etc., ¡*comience a guardarlos*! Si no encuentra los documentos que necesita, puede contactar a su empleador, banco u organización respectiva para conseguir copias. Hable con su Oficial de Préstamos sobre qué documentación alternativa puede ser aceptada antes de que tenga que pagar para conseguir las copias de los documentos que le faltan.

NOTES

Elija un Prestamista

¿Cómo decidir dónde solicitar un préstamo? La mayoría de la gente comienza por hablar con un Oficial de Préstamos Hipotecarios en el banco en el que tiene su cuenta de cheques y ahorros, o le pide una recomendación a sus amigos que ya han comprado casa.

Usted debe entrevistar a varios Prestamistas antes de tomar una decisión. Necesitará trabajar muy de cerca con su prestamista y conversar de información muy personal. No sólo los términos del préstamo son importantes sino que usted se tiene que sentir a gusto con el Oficial de Préstamos con quien está negociando. Su Oficial de Préstamos debe devolverle sus llamadas en un tiempo razonable, explicarle sus opciones, darle un costo aproximado del enganche y costos de cierre de contrato, a esto se le denomina Estimación de Buena Fe, también debe darle un Decreto de Honestidad en el Préstamo y explicarle el préstamo y documentos en términos que usted entienda. La Estimación de Buena Fe, debe explicar detalladamente el costo esperado de las cuotas del préstamo. El Decreto de Honestidad en el Préstamo muestra el costo total de financiamiento de su préstamo durante el tiempo que éste dure, más el costo inmediato de cierre de transacción. Debe mostrar la tasa anual efectiva, la cantidad principal que se está prestando, la cantidad que se pagará en intereses y el costo total. Estos dos documentos son lo que usted necesita para comparar a los Prestamistas y costos involucrados en obtener su préstamo. El Oficial de Préstamos debe decirle los distintos tipos de programas de préstamos para los cuales califica y las diferencias entre el uno y el otro, si existen.

Usted debe comparar los programas, términos y costos que ofrecen los Prestamistas a los que entreviste. ¿Quién satisface mejor sus necesidades de acuerdo a su situación? Elija el programa de préstamo que le convenga más. Si el préstamo le es negado, consulte por lo menos otros dos Prestamistas, ya que probablemente otro Prestamista ofrezca otro producto para el cual usted califique. Tenga cuidado de ofertas como "los más bajos réditos garantizados". Algunos prestamistas garantizan ofrecer las tasas de interés y los costos más bajos; lea lo que le garantizan cuidadosamente. Generalmente es difícil y lleva tiempo elegir ésta opción. El Prestamista está contando con el hecho de que usted creerá que ellos ofrecen las cuotas más bajas y no buscará más. Consulte a por lo menos tres Prestamistas para que pueda saber cuál es una buena oferta de acuerdo a su situación.

¿CÓMO ESTA SU HISTORIAL DE CRÉDITO?

El Prestamista estará interesado tanto en su historial de crédito como en sus ingresos y deudas. El Prestamista desea cerciorarse de que usted está dispuesto a pagar la cantidad de dinero que se le deberá. Los seres humanos somos criaturas de hábitos. Lo que usted ha hecho en el pasado probablemente lo seguirá haciendo en el futuro. Es decir, si usted siempre ha pagado sus cobros a tiempo, probablemente lo seguirá haciendo. Al igual que si nunca los ha pagado a tiempo. ¿A qué persona le prestaría usted dinero? La mayoría de las veces pagos atrasados o no pagados son el resultado de algún problema o evento inesperado en su vida. Usted deberá explicarle al Prestamista cual fue la causa del pago moroso o que no se hizo y demostrar que se ha encargado de arreglar el problema, explicando las medidas que ha tomado para que no vuelva a suceder en un futuro.

Afortunadamente, ¡nosotros los humanos también somos capaces de cambiar! Alguien que jamás ha pagado un cobro a tiempo puede cambiar sus hábitos y establecer un buen historial de crédito. Sin embargo es difícil cambiar los hábitos, así es que generalmente, sólo tres o cuatro meses no bastan. Dependiendo del tipo de préstamo que tenga y los requisitos de aprobación para el programa y el Prestamista, puede ser que necesite demostrar al menos un año de historial, a veces más, en el cual ha hecho sus pagos a tiempo.

Su Reporte de Crédito

¿En qué se fija un Prestamista exactamente cuando examina su historial de crédito? El Prestamista solicitará su reporte de crédito a la agencia de crédito. Un reporte de crédito es un expediente de la historia de crédito de un individuo. Su objetivo es ayudar a los Prestamistas a decidir si están dispuestos a otorgarle a usted crédito y a qué tasa de interés. Existen tres agencias nacionales de crédito, las cuales reportan información a las oficinas de crédito: **TransUnion, Equifax, y Experian**. El Prestamista puede obtener su reporte de crédito de una, dos o las tres agencias de crédito.

El reporte de crédito contiene cuatro tipos de información:

◆ **Información de Identificación**. Esto incluye su nombre, dirección actual y previa, número de seguro social, fecha de nacimiento, lugares de empleo actual y anterior, nombre de su esposo(a), etc. (La Agencia de Crédito es una compañía que identifica personas a través de su número de seguro social. Sin éste, no podrá obtener su historial de crédito).

◆ **Información de crédito.** En ésta sección del reporte, la agencia de crédito muestra una lista de cuentas de crédito que usted tiene con bancos, cooperativas de ahorro y crédito, instituciones financieras, comercios, tarjetas de crédito y otros Prestamistas. Los Prestamistas que le extendieron el crédito son los encargados de reportar toda ésta información a las agencias de crédito. Por cada cuenta, el reporte muestra el tipo de crédito (rotativo, a plazos, hipotecario, préstamo estudiantil, etc.), cuándo fue abierta la cuenta, su límite de crédito, la cantidad y el saldo en la cuenta. También muestra si tiene un aval. Lo más importante, muestra sí usted ha pagado a tiempo o con retrasos. Toda la información favorable en su reporte aparece durante un tiempo indefinido. La mayoría de la información negativa es omitida después de siete años. Sin embargo, una bancarrota, permanecerá en su historial de crédito durante 10 años.

◆ **Información de Archivos Públicos**. Esto incluye reportes de bancarrota, derechos de retención tributaria, juicios monetarios y hasta en algunos estados deudas de manutención. Todo lo que sea sujeto de archivo público aparecerá en su reporte de crédito.

◆ **Indagaciones**. Esta parte de su reporte muestra a todos aquellos quienes han obtenido su reporte de crédito en los últimos dos años. Estas indagaciones pudieron haberlas hecho cualquiera de las personas o instituciones con las que usted ha solicitado crédito, incluyendo empleadores, arrendatarios y agencias de seguro.

Sin embargo no cualquiera tiene acceso a su archivo de crédito. Sólo Prestamistas quienes están considerando extenderle crédito o ya se lo han otorgado, empleadores, o empleadores potenciales (solo con su autorización), aseguradoras quienes lo están considerando para una póliza, agencias gubernamentales averiguando su estado financiero en conexión con proporcionarle ciertas licencias o beneficios gubernamentales y otros con razones legítimas de negocios que necesiten la información, tales como arrendatarios potenciales, pueden obtener acceso a su archivo de crédito.

Una agencia de crédito proveerá un reporte si éste es requerido por orden de la corte, y a terceras personas si usted así lo autoriza por escrito.

Su reporte de crédito no contiene información a cerca de su raza, afiliación religiosa, historial médico, estilo de vida, preferencias políticas o archivos criminales. No contiene información sobre cuentas de ahorros, cheques, o inversiones. (Esto aparecerá en su solicitud de préstamo, pero no por medio de la agencia de crédito).

Si usted desea obtener una copia de su reporte de crédito, necesitará solicitarla y proveer su nombre completo, dirección actual y previa, el nombre de su esposo(a) (si hay tal), su fecha de nacimiento y número de seguro social. Usted puede hacer su solicitud a una de las tres agencias nacionales de reporte de crédito o directamente a la oficina de crédito local.

Las tres agencias nacionales son:

◆ **TransUnion** 1-800-888-4213

◆ **Equifax Credit Information Services** 1-800-685-1111

◆ **Experian** 1-888-397-3742

Puede obtener una copia de su reporte de crédito cuando usted lo desee. Si se le ha negado un crédito, puede obtener una copia gratis durante 60 días después de haberlo solicitado, proporcionando una copia de la carta de rechazo. Si sólo desea verlo puede ser que le cueste algunos dólares. Sólo pregunte cual es la tarifa actual.

Evaluando su Información de Crédito

Algunos Prestamistas recomiendan que tenga por lo menos cuatro líneas de crédito demostrando que ha pagado a tiempo (ninguno con más de 30 días de retraso, durante al menos 1 año. Algunos préstamos, como el FHA, no tienen un número determinado. ¿A qué se refiere el Prestamista con "líneas de crédito"?. El Prestamista se fija en cuentas de pago, tales como pagos hipotecarios, tarjetas de crédito, pagos de coche, préstamos estudiantiles, préstamos a plazos, etc. La mayoría de las veces, los pagos de renta no son reportados a las agencias de crédito pero pueden ser verificados y utilizados como una de sus cuatro líneas de crédito. Algunos Prestamistas aceptan *fuentes alternas de crédito* es decir cobros de servicios, tele cable, teléfono, seguro de autos, o gastos médicos si usted no cuenta con los tipos de crédito tradicionales antes mencionados.

Necesitará proporcionar documentación o estados de cuenta como comprobante de que paga puntualmente, de cualquier acreedor que no reporte a las agencias de crédito. El Prestamista revisará si usted tiene cobros en proceso de recaudación o fallos en su contra — de cobros que se deban y que usted no haya pagado. Cuentas en proceso de recaudación son aquellos cobros que han sido transferidos a una agencia de recaudación para ser cobrados y aquellos fallos por parte de la Corte, que determinan que usted es responsable de pagar algún cobro. Las recaudaciones y fallos generalmente tienen que ser pagados, en su totalidad, antes de que usted pueda obtener un préstamo hipotecario. En algunos casos, usted tendrá que esperar un año a partir de la fecha en que se pagó la recaudación o fallo y no retrasarse en ningún otro pago.

Si usted se ha declarado en bancarrota, generalmente tendrá que esperar de dos a cuatro años a partir de la fecha de absolución de la bancarrota (dependiendo de las circunstancias de la bancarrota, el tipo de préstamo, y el Prestamista), y tener cuatro líneas actuales de crédito (o crédito alternativo) sin pagos retrasados, antes de solicitar un préstamo hipotecario. Si ha tenido un juicio hipotecario, generalmente necesitará esperar por lo menos tres años a partir de la fecha de absolución para solicitar un préstamo hipotecario.

Generalmente un Prestamista no está dispuesto a otorgarle un préstamo nuevo si usted no ha cumplido los términos de sus préstamos actuales.

Su reporte de crédito le muestra también a su Prestamista quien ha indagado su crédito en los últimos noventa días. Demasiadas indagaciones representan una bandera de precaución para el Prestamista, y usted tendrá que explicar por qué los acreedores revisaron su crédito y si le han otorgado préstamos. Le pedirán una explicación escrita sobre cualquier pago retrasado, recaudación, fallo, o bancarrota que aparezca en su reporte de crédito.

Un Prestamista puede obtener dos tipos de reporte de crédito del solicitante: Uno "en archivo" y el otro, "hipotecario completo". Un **reporte de crédito en archivo** es un historial de crédito no actualizado y puede venir de cualquiera de las tres principales agencias de repote de crédito. Refleja la ultima información sometida a la agencia de crédito y puede no estar actualizada. Por ejemplo, una compañía de tarjetas de crédito puede no haber mandado un reporte actualizado a la agencia de reporte de crédito durante los últimos tres meses y puede seguir mostrando su saldo de $800, aún que lo haya pagado en su totalidad hace dos meses.

La mayoría de los Prestamistas hipotecarios utilizarán un reporte de las tres agencias consolidado en un solo archivo o **"un reporte de crédito hipotecario completo"**.Como su nombre lo indica, el reporte consolidado de las tres agencias es un reporte de cada una de las tres agencias principales que se fusiona en un solo archivo. Un reporte de crédito hipotecario completo es aquel en el cual los archivos de las tres agencias — Experian, TransUnion y Equifax — son fusionados en uno solo, y la oficina de crédito contacta a cada acreedor enlistado y actualiza el archivo para que refleje sus saldos actuales e información de pagos. Este es un reporte mucho más a fondo y requiere un trabajo extenso por parte de la agencia de crédito; por eso cuesta más que un reporte en archivo que usted mismo puede obtener. No todos los acreedores envían reportes a las tres agencias de crédito, así es que obtener un reporte de solo una de ellas puede no reflejar todo su historial crediticio.

Algunos Prestamistas basarán su aprobación de préstamo únicamente en su puntaje de crédito o FICO (Fair, Isaac and Company Rating), mientras que otros Prestamistas pondrán en consideración su cuadro financiero completo y otros factores compensatorios cuando tomen la decisión del préstamo. Ya que los Prestamistas utilizan distintos factores determinantes para tomar las decisiones de préstamo, usted necesitará buscar el préstamo y los términos que mejor se adapten a su situación.

El sistema de calificación utilizado para establecer las tasas de interés en la mayoría de los préstamos se basa en su crédito, o puntaje FICO. El puntaje FICO es un sistema de calificación que toma en cuenta su historial de pago, número de cuentas abiertas, cantidad de crédito disponible para usted, saldos actuales, cuanto tiempo ha tenido usted crédito, y que tipos de cuentas de crédito tiene. El sistema de calificación es de 100 a 900; mientras más alto el puntaje es menos el riesgo que usted representa para el Prestamista. Un puntaje de 650 o más es considerado generalmente un menor riesgo de crédito. Si su puntaje es muy bajo, el préstamo le puede ser negado. De manera que, sus hábitos de pago pasados y presentes son importantes cuando se trata de obtener cualquier tipo de préstamo. Usted puede mejorar su puntaje haciendo cambios positivos en la forma en la que maneja su crédito y sus pagos.

Los Bancos califican sus "papeles" o préstamos utilizando un sistema similar al sistema de calificación que se usa en las escuelas. Las calificaciones van de la "A" a la "D" siendo considerado el "préstamo A" el menor riesgo mientras que el "préstamo D" es considerado un riesgo más alto para el Prestamista. Un rango de puntaje FICO es asignado a cada calificación, junto con los otros criterios de riesgo. Para usted como deudor, podría ser la diferencia entre un 7% de interés o un 15% o más. Para obtener mejores tasas de interés, o ser un préstamo de A+, necesita no tener pagos atrasados recientes en su historial de crédito, tener un puntaje FICO alto, y cumplir los criterios de aprobación del préstamo. Usted podría ser considerado como un menor riesgo, A o A-, con no más de dos pagos retrazados durante más de 30 días en el año reciente. Mientras más pagos retrasados tengan y mientras más se haya tardado en pagarlos (de 60 a 120 o más días tarde), más bajará su puntaje FICO lo que resultará adverso afectando su tasa de interés.

Si usted no tiene un buen historial de pagos, para los Prestamistas, usted representa un riesgo más alto de no pagar, y elevarán su tasa de interés de acuerdo al riesgo. **A esto se le denomina préstamos en base a riesgo.** Los préstamos de alto riesgo se denominan algunas veces **"por debajo de la tasa preferencial".** Las personas con problema de crédito pueden obtener "préstamos por debajo de la tasa preferencial", sin embargo pagarán generalmente tasas de interés más altas, enganches más elevados, y comisiones más altas por esos préstamos.

Recuerde, si puede esperar para obtener un préstamo, usted puede reparar su crédito y calificar para un préstamo en términos mucho mejores que aquellos ofrecidos cuando su crédito aún está mal. Obtener un préstamo " por debajo de la tasa preferencial" ahora, pensando que lo va a poder refinanciar más o menos en un año cuando su crédito sea mejor, le puede resultar muy caro por las penalidades de prepago.

Haga preguntas. ¿Hay penalidades de prepago, o costos, si refinancio mi préstamo o lo liquido antes de la fecha determinada? ¿Cuánto es la penalización por prepago? ¿Después de qué período de tiempo puedo pagar mi préstamo sin tener ninguna penalidad? Conozca la respuesta a estas preguntas **antes** de firmar cualquier papel.

Corrigiendo Errores en su Reporte de Crédito.

El Decreto de Reporte Justo de Crédito es una ley de protección al consumidor aprobada por el Congreso en 1970. La última reforma fue hecha en 1997. Entre otras cosas, protege sus derechos como individuo con crédito activo. Han habido cambios significativos hechos a la ley que gobierna la forma de reportar el crédito en este país, y estos cambios fueron diseñados para ayudar a los consumidores a corregir errores en su historial de crédito.

Desafortunadamente, los errores en los reportes de crédito son muy comunes. En la mayoría de los casos son el resultado de errores humanos. De todos modos eso es poco consuelo cuando usted es rechazado para un préstamo hipotecario o cuando no puede obtener un préstamo para un carro. Casos de identidad equivocada, información no actualizada, e información incorrecta ocurren todos los días a pesar de los esfuerzos que se hacen para no cometerlos.

Si después de revisar su reporte de crédito, usted encuentra un error, llame inmediatamente y escríbale a la agencia de crédito como se le indica en su informe de crédito. Necesitara hacer una indagación o disputa a la agencia de crédito por escrito para que pueda tener comprobantes de la misma. La agencia enviará su reclamo a la fuente de información y la persona o compañía que reportó la información tendrá 30 días para responder. La agencia de crédito le informará a usted lo que la fuente de información respondió.

Si la agencia de crédito no puede confirmar la información de la disputa, la ley les indica que la borren de su archivo inmediatamente y que envíen un informe corregido a todos los que usted así especifique quienes hayan recibido un informe en los últimos 6 meses (2 años si son empleadores). Recuerde que todavía el proceso de disputa o corrección de algún error en su crédito puede tomar 30 días.

Si la agencia de crédito investiga la disputa y confirma la información original, usted puede continuar en descuerdo con la información agregando una declaración detallada con su versión a su informe de crédito. Sea específico cuando se trate de un error. Decir que algo está mal no es suficiente. Cualquiera que solicite una copia de su informe también obtendrá una copia de su declaración.

Clínicas de Reparación de Crédito

Quizá ha visto o escuchado anuncios informando los costos bajos y beneficios maravillosos de una clínica de reparación de crédito. Generalmente dicen algo así: "¿Le han negado un préstamo por tener mal historial de crédito? Permítanos ayudarle. Por solo $99 de enganche y $29 por cada cuenta que eliminemos o cambiemos, podemos reparar todo ese mal historial crediticio". Sin embargo aunque los anuncios suenen muy tentadores, ahorre su dinero y arregle sus propios problemas de crédito.

Si la información en su informe de crédito es correcta, nadie puede hacer que la agencia de crédito la borre, al menos que sea muy vieja, y si la información en su reporte de crédito es incorrecta, usted puede hacer que la agencia de crédito la corrija. No tiene que pagarle a nadie más por hacerlo.

Si usted se ha retrasado en hacer sus pagos en cualquier momento durante los últimos 7 años, o se ha declarado en bancarrota durante los últimos 10 años, la ley le permite a las agencias de crédito que le informen a los acreedores al respecto. Si alguien le dice que puede borrar de su historial información negativa pero cierta, le están haciendo promesas que no podrán cumplir. Si le están diciendo que pueden remover información negativa e incorrecta, ahórrese su dinero y hágalo usted mismo.

El Decreto de Reporte Justo de Crédito dice que usted tiene el derecho de saber lo que su informe de crédito dice. Si a usted se le ha negado un crédito basado en un informe de una agencia de crédito, el acreedor tiene que decirle el nombre y dirección de dicha agencia. Si usted contacta a la agencia de crédito en menos de 60 días para saber lo que está en su informe, no le cobrarán por darle el reporte.

Aquellos que han tratado de corregir información incorrecta en el pasado puede que hayan tenido dificultad para que ésta sea eliminada; sin embargo cambios recientes en la ley han facilitado el proceso de corregir información. Si usted tiene información incorrecta en su informe de crédito, y la agencia de crédito se tarda mucho en corregirlo, contacte a la Comisión Federal de Comercio, (202) 326-2502 en Washington, D.C. Ellos querrán saber acerca de sus dificultades, y tomarán las medidas necesarias para resolver el problema.

Si usted tiene cuentas en proceso de recaudación o juicios, o no ha estado haciendo sus pagos puntualmente, es aconsejable que acuda con un asesor de crédito de una agencia no lucrativa para establecer un plan de pagos que cubra sus deudas atrasadas, cuentas en proceso de recaudación y fallos, y elaborar un plan para comenzar a pagar sus cobros mensuales a tiempo. Si usted no ha caído en bancarrota o juicio hipotecario, probablemente pueda calificar para un préstamo en un año a partir de la fecha en la que ha puesto sus cuentas al corriente. Puede que no sea fácil, y es probable que tenga que hacer algunos cambios en la forma en la que gasta su dinero y en las cosas en las que lo gasta. Es posible que hasta tenga que conseguir un trabajo adicional de medio tiempo para obtener algún dinero extra. El punto es que su responsabilidad es únicamente suya, y de nadie más, y hay que tomarla, pagar sus cobros a tiempo, completos, con cheques que tengan fondos. Gastar su dinero implica tomar decisiones. Los resultados de sus decisiones determinarán qué tan bien o mal viva usted durante los próximos dos años o quizá más. Tomar la decisión de gastar más de lo que gana es lo que le puede ocasionar más problemas.

Si usted realmente quiere comprar una casa, y está dispuesto a hacer lo necesario, usted puede alcanzar el sueño de ser dueño de su propia casa.

LECCIÓN 3

EL SER PRECALIFICADO O PREAPROBADO

Una vez que ha examinado su plan mensual de gastos y piensa que puede comprar una casa, necesitará ir con un Prestamista y ser **precalificado** o tener su **crédito aprobado** para un préstamo.

¿Cuál es la Diferencia Entre Precalificación y Preaprobación de Crédito?

Una Precalificación es cuando el Oficial de Préstamos le hace algunas preguntas sobre su ingreso y deudas y hace un cálculo rápido para determinar para cuánto califica. El Oficial de Préstamo no verifica su información ni revisa su crédito. La figura o cantidad que el oficial le da es sólo un **cálculo** o *estimación*, no una garantía.

A la **aprobación de crédito** se le conoce también como **preaprobación**, es cuando usted ha llenado una solicitud con el Prestamista, su informe de crédito es verificado y es enviado para una decisión de aprobación. A ésta decisión se le conoce como aprobación de crédito. Dicha decisión no se toma de manera arbitraria, sino que sigue directrices o normas generales predeterminadas. El Subscriptor basa el crédito o preaprobación únicamente, en su situación actual y en su historial de crédito.

Si *cualquier* cosa cambiara (su ingreso, trabajo, estado civil, crédito, cantidad del préstamo, etc.) la aprobación no estría garantizada. El subscriptor tendrá que revisar el préstamo de nuevo, basado en los cambios. Tenga cuidado con los Prestamistas que proveen "preaprobaciones" que están sujetas a la verificación de toda la información. Esto es realmente sólo una precalificación hasta que se hagan las verificaciones y éstas sean revisadas.

Usted no será aprobado completamente hasta que haga una oferta sobre una propiedad, y dicha propiedad sea determinada como aceptable por el Prestamista.

Veamos su Historial de Empleo

Tradicionalmente, el Prestamista le pedirá que enliste los últimos dos años de historial de trabajo. Necesitará mencionar todos los empleos que ha tenido durante los últimos dos años, en qué fechas trabajo para cada empleador, cual era su título en el trabajo y que tipo de trabajo realizaba. Si se acaba de graduar de la universidad, el Prestamista probablemente necesitará una copia de su certificado de estudios o diploma que muestre los estudios que realizó. Si dichos estudios son del mismo campo que su trabajo actual, puede que los cuenten como parte de su historial de trabajo.

El Prestamista querrá saber cuánto tiempo lleva en su trabajo y qué tipo de trabajo hace. Si acaba de comenzar en su trabajo actual, puede que haya un período probatorio. En éste caso, existe la posibilidad de que el empleador no lo contrate después del período de prueba si no está contento con su desempeño. Puede que el Prestamista no esté dispuesto a contar con ese ingreso hasta que usted pase su período de prueba. Los Prestamistas usualmente toman en cuenta solamente el ingreso que se espera que continúe por lo menos durante los próximos tres años para propósitos de aprobación. El Prestamista le preguntará si ha habido espacios o descansos entre un trabajo y otro en los últimos dos años. El Prestamista querrá saber que tan grandes fueron las pausas o los espacios — ¿3 semanas, 2 meses, 6 meses, un año? ¿Cuál fue la causa de éste receso? ¿Se cambió de domicilio? ¿Cuánto tiempo se tardó en encontrar un trabajo nuevo? ¿Fue por enfermedad? Le pedirán que dé una explicación por escrito de cualquier tiempo en el que no haya trabajado durante los últimos dos años para el archivo de aprobación.

Si usted es un trabajador **asalariado** o **le pagan por hora** y acaba de cambiar de empleo, pero sigue **en la misma línea de trabajo** en la que trabajaba antes, necesitará una carta de su empleador, que muestre la fecha en que comenzó, su ingreso y su puesto. Necesitará haber recibido su primer cheque antes de la fecha de cierre de contrato, o durante los primeros 30 días de cierre.

¿Está su nuevo empleo en una **línea de trabajo nueva** para usted? Si usted fue contador durante 5 años, y luego decidió convertirse en carpintero, ¿cómo sabe que le va a gustar ser carpintero? Generalmente, cuando cambie de tipo de trabajo, necesitará haber estado en su nuevo trabajo durante 6 meses antes de que un Prestamista tome en cuenta éste ingreso. Cuando comienza un trabajo nuevo, usualmente se considera en capacitación durante los primeros 2 meses. El tercero y cuarto mes estará a cargo de sus propias cuentas o labores y todo seguirá siendo nuevo y emocionante. Para el quinto y sexto mes, sabrá si le gusta o no, lo que está haciendo. La mayoría de la gente que deja sus trabajos lo hace durante los primeros seis meses si no les gusta, es por eso, que el Prestamista quiere que haya estado usted en su trabajo por lo menos seis meses.

Si su nueva línea de trabajo es **de temporada**, usted tendrá que haber estado en el trabajo durante un período mínimo de tiempo antes de que el Prestamista tome en cuenta ese ingreso para propósitos de calificación. Por ejemplo, si usted se vuelve operador de equipo pesado, habrá ciertos períodos de tiempo durante el año en los que usted no pueda trabajar debido a las inclemencias del clima. Habrá otros tiempos en los que se requiera que trabaje tiempo extra para cumplir con las fechas límites de los contratistas o para terminar un trabajo antes de que el clima empeore. Esto creará puntos de alto y bajo ingreso durante el año. Si el Prestamista tomó su ingreso durante un período específico de tiempo, podría ser artificialmente alto o bajo; de ahí que querrán sacar un ingreso promedio de todo el año. Como trabajador de temporada, ¿tiene el ingreso suficiente o reservas de efectivo para cubrir sus gastos durante los períodos en los que no trabaja? Estas son algunas de las cosas que usted debe preparar para tomar las medidas necesarias en su plan de gastos.

Si usted tiene un **empleo de medio tiempo** además de su empleo de tiempo completo, puede que necesite haber estado en el trabajo de medio tiempo durante mínimo 1 año. Algunos préstamos requieren un promedio de 1 a 2 años. Puede que tenga que haber estado en su trabajo al menos un año para demostrar que sí puede con la horas adicionales a su jornada regular de trabajo de 40 horas. Mucha gente toma trabajos de medio tiempo y después de un par de meses renuncian porque están muy cansados o porque no pueden lidiar con la vida familiar y dos trabajos. Para que un Prestamista tome en cuenta ése ingreso, tiene que demostrar que usted puede manejar la situación durante un período largo de tiempo.

Si usted **es su propio jefe o dueño de su propio negocio**, normalmente le pedirán que presente las declaraciones de impuestos de los últimos 2 años suyas y de su negocio; y una declaración de pérdidas y ganancias de un año a la fecha y/o un estado de cuenta. Los Prestamistas sacarán un promedio de **ingreso neto** de dos años para propósitos de calificación, porque las estadísticas muestran que la mayoría de los negocios nuevos cuando fallan lo hacen en los primeros dos años. El ingreso de los negocios tiende a fluctuar con la economía general, así es que un promedio de 2 años es necesario para reflejar una idea más adecuada de sus ganancias. Las personas dueñas de su propio negocio o auto empleadas, frecuentemente se encuentran atrapadas en el dilema de que si amortizaran todos los gastos y deducciones de impuestos a los que legalmente tienen derecho, su ingreso neto sería muy bajo o negativo. Esto es bueno cuando se trata de declarar impuestos, pero el problema es cuando van a solicitar un préstamo. El Prestamista debe tomar en cuenta su ingreso neto después de todos los gastos y deducir la depreciación, si hay tal, y sumarla o agregarla de nuevo.

CALCULANDO EL INGRESO MENSUAL BRUTO

Determine el Ingreso Mensual Bruto de Cada Persona y la Fuente de Ingreso.

Si usted gana un salario por hora:

1. **Multiplique lo que le pagan por hora por el número de horas que le garantizan trabajará a la semana.**

$_____ por hora X _____ Número de horas a la semana = $_____ Ingreso Semanal.

$_____ por hora X _____ Número de horas a la semana = $_____ Ingreso Semanal.

Ejemplo:

$7.50 la hora x 40 Horas a la semana = $300 a la semana.

****

2. **Multiplique sus ingresos semanales por las 52 semanas del año.**

$_____ Ingreso mensual x 52 semanas en el año = $_____ Ingreso Anual

$_____ Ingreso mensual x 52 semanas en el año = $_____ Ingreso Anual

Ejemplo:

$300 a la semana x 52 semanas = $15,600 Ingreso Anual

****

3. **Divida su Ingreso Anual entre 12 para obtener su ingreso neto mensual.**

$_____ Ingreso Anual dividido entre 12 = $_____ Ingreso Bruto Mensual

$_____ Ingreso Anual dividido entre 12 = $_____ Ingreso Bruto Mensual

Ejemplo:

$15,600 Ingreso Anual dividido entre 12 = $1,300 Ingreso Bruto Mensual

Ingreso Mensual Bruto del Deudor 1 = $_____   Deudor 2 = $_____

Si usted recibe un Sueldo Semanal:
1. Siga los pasos número 2 y 3 antes mencionados.

Si usted recibe un Sueldo Quincenal:
1. Siga el paso número 2 multiplíquelo por 26 períodos de pago en vez de 52 semanas, y siga el paso número 3.

Si usted recibe un sueldo Semi-Mensual:
1. Siga el paso número 2 multiplíquelo por 24 períodos de pago en vez de por 52 semanas, y siga el paso número 3.

Si usted recibe un Salario Anual:
1. Siga el paso número 3.

Determinando su Ingreso

Una vez que el Prestamista ha establecido la fuente de su ingreso, querrá saber cuánto tendrá garantizado ganar mensualmente. ¿Trabaja usted generalmente 40 horas a la semana, pero su empleador sólo le garantiza 30 horas? El Prestamista sólo tomará en cuenta la cantidad que está garantizada, a menos que usted tenga por lo menos 2 años de historial que muestre que trabaja más. El Prestamista puede usar el promedio de horas extra de los últimos dos años si lo más seguro es que ese ingreso extra continúe.

Sus declaraciones de impuestos le mostrarán al Prestamista el promedio de su ingreso de los últimos dos años y éste promedio es importante si ha cambiado varias veces de trabajo, trabajado tiempo extra, recibido diferenciales, bonos o pago de comisiones. Los Prestamistas querrán ver que su ingreso se ha mantenido igual o ha aumentado durante un período de dos años. Si su ingreso ha disminuido, querrán que explique las causas de dicha disminución. ¿Le redujeron el número de horas que trabajaba? ¿Recibía algún pago especial y lo dejó de recibir? ¿Estuvo desempleado durante algún tiempo, o estuvo enfermo sin derecho a pago?

Sus talones de cheque le mostrarán al Prestamista cuánto es su ingreso bruto actual. El **Ingreso bruto** es la cantidad que usted gana antes de que se extraiga cualquier deducción de impuestos, seguros, asignaciones, etc. Lo que le queda después de todas las deducciones es su **ingreso neto.**

El Prestamista usa su ingreso bruto para aprobarlo, no el ingreso que usted utiliza para preparar su plan mensual de gastos. Su plan mensual de gastos refleja su estilo de vida y la cantidad de dinero que está dispuesto a pagar por vivienda, lo cual puede ser más o menos de lo que el Prestamista calcula usando su ingreso bruto. A menos que usted les diga lo contrario, los Prestamistas lo aprobarán para la cantidad máxima que pueda pagar, y el Agente de Bienes Raíces puede que sólo le muestre casas en ese rango de precio.

Usted necesita indicarle al Prestamista qué pago de casa es realista de acuerdo a su plan mensual de gastos, si es menos que la cantidad que ellos están calculando. Usted es quien va a estar haciendo los pagos de la casa, y usted necesita sentirse a gusto con dicha cantidad.

Si a usted le pagan un salario establecido anualmente, el Prestamista lo dividirá entre 12 para obtener su ingreso mensual.

Por ejemplo: Juan gana un sueldo de $25,000 al año.

$25,000 al año / 12 = **$2,083.33 al mes**

Si le pagan por hora, el Prestamista necesitará saber su sueldo por hora y cuántas horas garantizadas trabaja a la semana.

Por ejemplo: Linda trabaja 40 horas a la semana y gana $9 por hora.

$9 la hora x 40 horas a la semana por 52 semanas = $18,720
$18,720 al año / 12 = **$1,560 al mes**

Si le pagan cada dos semanas, multiplique su pago quincenal por 26 períodos para obtener su sueldo anual.

Por ejemplo: Su sueldo bruto quincenal es $800

$800 x 26 = $ 20,800 al año
$20,800 / 12 = **$1,733 al mes**

El Prestamista averiguará su ingreso mensual por cada trabajo o fuente de ingreso que pueda ser utilizada para aprobarlo para el préstamo y los sumará todos para obtener su ingreso mensual total.

Por ejemplo: Juan gana $2,083 al mes y
Linda gana $1,560 al mes

Ingreso Mensual Total = $3,643 al mes

Si usted ha tenido un trabajo de medio tiempo por lo menos un año, puede incluirlo en su ingreso total. Linda trabaja tiempo parcial de 20 horas a la semana y le pagan $9 la hora.

Por ejemplo: $9 la hora x 20 horas / semana x 52 semanas
$9,360 al año / 12 = **$780 al mes**

Sin embargo, si Linda sólo ha estado en su trabajo 4 meses, puede que su ingreso *no pueda ser* usado para propósitos de aprobación pero *sería considerado como un factor de compensación*. Un **factor de compensación** es cualquier cosa que haga su caso más fuerte pero que no será añadida para los cálculos financieros. Si el préstamo no cumple exactamente con las normas de aprobación, el saber que existe un ingreso adicional puede ser la diferencia entre obtener la aprobación o no. Algunos ejemplos de factores de compensación incluyen: trabajos de tiempo parcial, cuentas de ahorros o inversiones substanciales, si usted actualmente paga una renta o un cobro de casa más elevado que lo que sería su nuevo pago, un cónyuge que

estuviera trabajando antes del cambio y que actualmente esté
buscando empleo, etc.

¿Qué Deudas Mensuales Tiene?

◆ **Deuda Rotativa** — Una vez establecido su ingreso, el Prestamista
debe determinar qué deudas tiene y los pagos mínimos que cada
una requiere. El Prestamista le preguntará si ha abierto cuentas de
tarjetas de crédito. Tomarán en cuenta el pago mínimo actual de
cada una de las tarjetas que ha usado, entre los últimos 6 meses y 1
año. Algunos Prestamistas tomarán en cuenta el pago mínimo aún y
cuando el balance en la cuenta actualmente sea cero. Mientras la
cuenta de la tarjeta de crédito esté abierta, usted podría sacar prestado
mañana con dicha tarjeta, hasta el límite, creando así un cobro más.
**Si no está usando una tarjeta de crédito y no piensa usarla en el
futuro, debería cerrar esa cuenta**.

◆ **Préstamos a Plazos** — **Pagos fijos / Deudas a Cierto Término**
— El Prestamista le preguntará si usted tiene un pago de carro,
préstamo a plazos, pagos de manutención de sus hijos, pago de
pensión alimenticia, préstamo estudiantil, pagos por manejo de
deudas, un préstamo garantizado con su cuenta de retiro o 401K, o
cualquier préstamo a plazos. Querrán saber cuánto es su pago mensual, cuál es su saldo actual, y cuántos pagos le faltan por hacer. Si
algún préstamo a plazo está a menos de 10 meses de ser pagado,
puede que no sea incluido en su relación deuda — ingreso.

◆ **Procesos de Recaudación o Fallos** — Una cuenta en proceso de
recaudación o fallo es una cuenta vencida, y generalmente tiene que
ser pagada en su totalidad antes de que cierre el proceso de su
préstamo. El Prestamista no le querrá otorgar un nuevo préstamo a
una persona que está atrasada en alguna deuda. También, un dicta-
men en su contra crea un gravamen anterior en la propiedad que
está comprando, lo que significa que alguien más tiene derechos
legales de cobrarle dinero o embargar su propiedad. Si usted toma
propiedad de algo de valor, como una casa, la persona a la que usted
le debe dinero o a quien favorece el fallo, será la primera en recuperar
su dinero si la casa se vende o es refinanciada. El Prestamista que
provee el dinero para la compra de la casa, generalmente no le
otorgará el préstamo a menos que sea el *primero con derecho de
recuperación* el saldo de dinero que se deba. La única forma de
asegurarle el primer lugar o derecho de recuperación, es pagar la
sentencia en su totalidad.

Si usted está disputando alguna cuenta en proceso de recaudación,
es posible que no necesite pagarla si cuenta con los documentos

HOJA DE TRABAJO DE PAGO DE DEUDA MENUAL

ACREEDORES	NUMERO DE CUENTA	PAGO MENSUAL MINIMO	SALDO ACTUAL	# DE MESES PARA PAGAR
EJEMPLO:				
Visa	111111111111111	$55.00	$850	16 meses
DEUDAS ROTATIVAS				
Tarjeta(s) de Crédito				
Líneas de Crédito				
Pago Total de Deudas Rotativas				
PRESTAMO(S) DE AUTO(S)				
Total De Préstamo(s) de Auto(s)				
PRESTAMOS ESCOLARES				
Total de Préstamos Escolares				
PRESTAMOS A PLAZO				
Préstamo(s) Hipotecario				
Banco(s)/Cooperativa(s) de Ahorro y Crédito				
Préstamos con Garantía de 401K(s)				
Préstmos de Impuestos Estatales o de IRS				
Programas de Manejo de Deudas				
Total de Préstamos a Plazo				
PRENSION ALIMENTICIA / MANUTENCION				
Total de Pensión Alimenticia/ Manutención				

que muestren que usted no debe el dinero y pueda demostrar que está tomando las acciones necesarias para eliminar dicha recaudación de su reporte. Su palabra sola no es suficiente. Debe tener copias de la correspondencia entre usted y el acreedor, copias de los recibos pagados o cheques cancelados, etc., que apoyen su desacuerdo con la recaudación. Aún y cuando tenga todo esto, sigue siendo la decisión del Subscriptor si la disputa tiene que resolverse o no antes del cierre del contrato.

Los Prestamistas generalmente no le pedirán sus pagos de seguro, recibos de utilidades, cobros de tele-cable o gastos médicos. Dependiendo del tipo de préstamo, puede que le pregunten por los gastos de guardería. Los índices de deuda que los bancos usan, ya incluyen una cantidad mínima para cubrir algunos de éstos gastos.

Por ejemplo — Juan y Linda tienen pagos mensuales de:

Visa	$55
Mástercard	$25
Pago de auto	$345
Préstamo estudiantil	$50
Préstamo	$125 (para pagar reparaciones del auto y 2 tarjetas de crédito)
Deuda mensual total	**$600**

Índices, Índices, ¿Qué son los índices de deuda?

Ahora que conoce su ingreso y la cantidad de deudas de las cuales ya tiene obligación, el Prestamista puede determinar de cuánto es el pago de casa para el que usted califica.

El Prestamista tomará en cuenta uno o dos índices de deuda (dependiendo del préstamo) para determinar que porción de su ingreso puede ser usada para el pago de la casa. Un índice, se define como una relación o comparación entre dos números. En los préstamos hipotecarios hay generalmente dos índices o relaciones que el Prestamista toma en cuenta.

La primera relación es entre su ingreso mensual bruto y su nuevo pago de casa. A esto se le denomina **índice de vivienda**. Cada programa de préstamo tiene un límite o norma general, acerca de qué porcentaje de su ingreso bruto mensual debe gastarse en vivienda, lo que incluye el pago hipotecario mensual para el Principal y los Intereses (PI), Impuestos sobre la Propiedad (T), y Seguros (S). Cuando el Prestamista se refiere al pago de la casa, incluye todo lo anterior, no sólo el préstamo, y algunas veces se le llama PITI (por sus siglas en ingles). Como regla general, usted debe gastar un poco menos de la tercera parte (de 28% a 33% dependiendo del tipo de préstamo) de su ingreso bruto mensual en el pago de la casa. Lo que le da aproximadamente una tercera parte de su ingreso para vivienda, una tercera parte para alimentos, ropa y deudas mensuales, y una tercera parte para todos los demás gastos tales como seguro, servicios públicos, entretenimiento, regalos, etc.

Por ejemplo: Juan y Linda ganan $3,643 al mes.

Ingreso bruto mensual x 31% = pago máximo de casa

$3,643 x 31% = **$1,129 es el pago máximo de vivienda (PITI)**.

La segunda relación que el Prestamista toma en cuenta es la de su ingreso mensual bruto, y cuánto gastara en su pago nuevo de casa más cualquier otra deuda a la que usted ya esté obligado. A esto se le denomina **índice de deuda**. El pago de su casa más su deuda mensual actual debe ser aproximadamente sólo 41% (puede variar de 36% hasta un 45%, dependiendo del tipo de préstamo, historial crediticio y monto del enganche) de su ingreso mensual bruto.

Por ejemplo: Juan y Linda ganan $3,643 al mes y actualmente tienen una deuda mensual con un total de $600 al mes (Visa — $55, Discover — $25, pago del auto — $345, préstamo estudiantil — $50, préstamo personal — $125).

Cantidad máxima de pago de casa (PITI) = (Ingreso mensual bruto x 41%) *menos* **su deuda mensual actual.**

Pago mensual máximo de casa = ($3643x 41%) — $600

Pago mensual máximo de casa = ($1493) — $600

Pago mensual máximo de casa (PITI) = $893

Un Prestamista debe tomar en cuenta el pago de casa *más bajo* basado en el índice de vivienda o en el índice de deuda para aprobarlo para su préstamo hipotecario.

En éste ejemplo, el índice de pago de deuda (PITI) de $893 es más bajo que el índice de de pago de vivienda (PITI) de $1,129.

Así es que el Prestamista lo aprobará para un préstamo con un pago máximo de casa (PITI) de $893. Si Juan y Linda tuvieran una deuda mensual menor, hubieran calificado para un pago mensual más alto, lo que les hubiera dado un poder adquisitivo mayor para elegir una casa de mayor precio.

HOJA DE CALIFICACION ESTIMADA DE PRESTAMO

Ingreso Bruto del Deudor $ _____

Más Ingreso Bruto del Codeudor $ _____

Más Ingreso Mensual Adicional $ _____

INGRESO MENSUAL TOTAL(A) $ _____ **(A)**

> Escriba el ingreso bruto de cada trabajo y súmelo. Escriba el total en la línea (A).

Pagos de Deudas Mensuales:

Tarjetas de Crédito (Total de Pagos Mínimos) $ _____

Préstamos de Autos $ _____

Préstamos Estudiantiles $ _____

Préstamos a Plazo $ _____

Pensión Alimenticia de Hijos $ _____

> 1. Sume los pagos mensuales mínimos de todas sus tarjetas de crédito y escriba el total en la línea de tarjetas de crédito.
> 2. Escriba el pago mensual mínimo de cada tipo de préstamo que usted tenga en la línea correspondiente.
> 3. Sume todas las categorías anteriores y escriba el total en la línea (B).

TOTAL DE PAGOS DE DEUDAS MENSUALES (B)$ _____ **(B)**

PAGO MAXIMO MENSUAL DE CASA (PITI) (C)

(A) $ _____ X 31%* = $ _____ **(C)**
    *(Varía de 28% a 33 dependiendo del programa de préstamo)

TOTAL MAXIMO DE PAGO DEUDA-INGRESO (D)
(Deuda actual más el pago de casa Nuevo PITI)

(A) $ _____ X 41%** = $ _____ **(D)**
    **(Varía de 36% a 45% dependiendo del programa de préstamo)

(D) $ _____ - **(B)** $ _____ = **Max. Deuda PITI** $ _____ **(E)**

Use el menor de (C) o (E) = $ _____ **(F) Máximo PITI**

> 1. Para determinar el Pago Mínimo de Casa, multiplique su ingreso mensual bruto (A) por 31% y escríbalo en la línea (C).
> 2. Para determinar el Pago Total Máximo Deuda-Ingreso, multiplique su ingreso mensual bruto (A) por 41% y escríbalo en la línea (D).
> 3. Para determinar el Pago Máximo PITI para la relación Deuda-Ingreso, reste su pago de deuda mensual (B) de (D) y escríbalo en la línea (E).
> 4. El Máximo PITI es el menor de (C) o (E).

****

Para determinar *aproximadamente* la cantidad PITI de pago (F):

Multiplique (F) por 25% por el **estimado** de impuestos de la propiedad, el costo del seguro de la propiedad y el seguro de la hipoteca.

(F) $ _____ X .25 = $ _____ (G)

Reste G de F para obtener el **estimado** PI (H)

(F) $ _____ - (G) $ _____ = $ _____ (H)

PAGO MAXIMO *ESTIMADO* DE PRINCIPAL E INTERESES = $ _____ (H)

****

Para determinar la cantidad estimada del préstamo hipotecario, vea la Gráfica de Préstamo de Pagos Mensuales a 30 Años del Principal/Interés. Utilizando los réditos de interés actuales en su región, encuentre el pago del Principal/Interés mensual que más se aproxime a (H).

CANTIDAD MAXIMA ESTIMADA DE PRESTAMO = $ _____ .

CANTIDAD DEL PRESTAMO	6.25%	6.50%	6.75%	7.00%	7.25%	7.50%	7.75%	8.00%	8.25%	8.50%	8.75%	9.00%
$40,000	$247	$253	$260	$267	$273	$280	$287	$294	$301	$308	$315	$322
$45,000	$278	$285	$292	$300	$307	$315	$323	$331	$339	$347	$355	$363
$50,000	$308	$317	$325	$333	$341	$350	$358	$367	$376	$384	$393	$402
$55,000	$339	$348	$357	$366	$375	$385	$394	$404	$413	$423	$433	$443
$60,000	$370	$380	$390	$399	$409	$420	$430	$440	$451	$461	$472	$483
$65,000	$401	$411	$422	$432	$443	$454	$466	$477	$488	$500	$511	$523
$70,000	$431	$443	$455	$466	$478	$489	$501	$514	$526	$538	$551	$563
$75,000	$462	$475	$487	$499	$512	$524	$537	$550	$562	$577	$590	$603
$80,000	$493	$506	$519	$532	$546	$559	$573	$587	$601	$615	$630	$644
$85,000	$524	$538	$552	$566	$580	$594	$609	$624	$639	$654	$669	$684
$90,000	$555	$569	$584	$599	$614	$629	$645	$660	$676	$692	$708	$724
$95,000	$585	$601	$617	$632	$648	$664	$681	$694	$714	$730	$747	$764
$100,000	$616	$633	$649	$666	$682	$699	$716	$734	$751	$769	$787	$805
$105,000	$647	$664	$682	$699	$717	$735	$753	$771	$789	$808	$827	$845
$110,000	$678	$696	$714	$732	$750	$769	$788	$807	$826	$846	$866	$885
$115,000	$709	$727	$746	$766	$785	$805	$824	$844	$864	$885	$905	$926
$120,000	$739	$759	$779	$798	$818	$839	$860	$880	$902	$923	$944	$966
$125,000	$770	$791	$811	$832	$853	$875	$896	$918	$940	$962	$984	$1,006
$130,000	$801	$822	$844	$865	$887	$909	$932	$954	$977	$1,000	$1,023	$1,047
$135,000	$832	$854	$876	$899	$921	$944	$968	$991	$1,015	$1,038	$1,063	$1,087
$140,000	$862	$885	$909	$932	$956	$979	$1,003	$1,028	$1,052	$1,077	$1,102	$1,127
$145,000	$893	$917	$941	$965	$990	$1,014	$1,039	$1,064	$1,090	$1,115	$1,141	$1,167
$150,000	$924	$949	$973	$998	$1,024	$1,049	$1,075	$1,101	$1,127	$1,154	$1,181	$1,207

CANTIDAD DEL PRESTAMO	9.25%	9.50%	9.75%	10.00%	10.25%	10.50%	10.75%	11.00%	11.25%	11.50%	11.75%	12.00%
$40,000	$330	$337	$344	$352	$359	$366	$374	$381	$389	$397	$404	$412
$45,000	$371	$379	$387	$395	$404	$412	$421	$429	$438	$446	$455	$463
$50,000	$411	$420	$430	$439	$449	$458	$467	$477	$486	$496	$505	$515
$55,000	$452	$462	$473	$483	$493	$504	$514	$524	$535	$545	$556	$566
$60,000	$494	$505	$516	$527	$538	$549	$561	$572	$583	$595	$606	$618
$65,000	$535	$547	$559	$571	$583	$595	$607	$620	$632	$644	$657	$669
$70,000	$576	$589	$602	$615	$628	$641	$654	$667	$680	$694	$707	$721
$75,000	$617	$631	$645	$659	$673	$687	$701	$715	$729	$743	$758	$772
$80,000	$658	$673	$688	$703	$717	$732	$747	$762	$777	$793	$808	$823
$85,000	$699	$715	$731	$746	$762	$778	$794	$810	$826	$842	$858	$875
$90,000	$740	$757	$774	$790	$807	$824	$841	$858	$875	$892	$909	$926
$95,000	$782	$799	$817	$834	$852	$869	$887	$905	$923	$941	$959	$978
$100,000	$823	$841	$860	$878	$897	$915	$934	$953	$972	$991	$1,010	$1,029
$105,000	$864	$883	$903	$922	$941	$961	$981	$1,000	$1,020	$1,040	$1,060	$1,081
$110,000	$905	$925	$946	$966	$986	$1,007	$1,027	$1,048	$1,069	$1,090	$1,111	$1,132
$115,000	$947	$967	$989	$1,010	$1,031	$1,052	$1,074	$1,096	$1,117	$1,139	$1,161	$1,183
$120,000	$987	$1,009	$1,031	$1,054	$1,076	$1,098	$1,121	$1,143	$1,166	$1,189	$1,212	$1,235
$125,000	$1,029	$1,052	$1,074	$1,097	$1,121	$1,144	$1,167	$1,191	$1,215	$1,238	$1,262	$1,286
$130,000	$1,070	$1,094	$1,117	$1,141	$1,165	$1,190	$1,214	$1,239	$1,263	$1,288	$1,313	$1,338
$135,000	$1,111	$1,136	$1,160	$1,185	$1,210	$1,235	$1,261	$1,286	$1,312	$1,337	$1,363	$1,389
$140,000	$1,152	$1,178	$1,203	$1,229	$1,255	$1,281	$1,307	$1,334	$1,360	$1,387	$1,414	$1,441
$145,000	$1,193	$1,220	$1,246	$1,273	$1,300	$1,327	$1,354	$1,381	$1,409	$1,436	$1,646	$1,492
$150,000	$1,235	$1,262	$1,289	$1,317	$1,345	$1,373	$1,401	$1,429	$1,457	$1,486	$1,515	$1,543

La cantidad de deuda mensual que usted tenga, tendrá un impacto directo en la cantidad que le puedan prestar.

Los índices de deudas son directrices usadas para aprobar los préstamos. Representan un límite de cuánto puede gastar en la casa para que le quede dinero para los demás gastos y egresos normales. Es SU responsabilidad y *no del Prestamista*, asegurarse de no gastar más de lo que pueda pagar.

Los índices generalmente no son definitivos. Sin embargo, para hacer excepciones a la regla, el Prestamista debe demostrar que usted puede pagar índices más altos. Si recibirá un aumento, si tiene muy buen historial crediticio, si su esposo o esposa comenzará un trabajo nuevo, si tiene ahorros suficientes o cuentas de inversiones, o si ha estado pagando una renta más alta que lo que será su nuevo pago de casa, tiene factores de compensación que el Prestamista puede tomar en cuenta cuando tome la decisión del préstamo, si pueden ser documentados. No espere excepciones si tiene historial de no hacer pagos a tiempo, no tiene ahorros, si cambia de trabajos constantemente, o si no espera un aumento en sus ingresos.

El Pago de Casa (PITI)

Cuando el Prestamista habla del **pago de la casa**, se refiere a más que el pago del préstamo. Se está refiriendo al **PITI** (por sus siglas en inglés; Principal and Interest for the Loan plus the Property Taxes and Insurance) pago a la cantidad Principal, Intereses del préstamo más Impuestos de la Propiedad y Seguro.

◆ Las letras **PI** significan Principal e Interés del pago de su casa. El Principal es el capital o la cantidad de dinero que el banco le presta. Si usted obtiene un préstamo de $100,000, el capital o principal es $100,000, y cada mes usted tiene que pagar una parte de esa cantidad. La mayoría de los préstamos requieren que se hagan pagos mensuales, pero algunos permiten que se hagan pagos quincenales. El Interés es la cantidad de dinero que el banco le cobra por usar su dinero. El "PI" será el pago mensual que usted da al banco por el préstamo que le otorgaron, y cubre ambos el Principal y el Interés.

◆ **La T se refiere a los Impuestos sobre la Propiedad (Taxes).** Se requiere que usted pague Impuestos de la Propiedad sobre el valor del terreno y cualquier mejora que se le haga cuando usted compre la casa o propiedad. La ciudad y el condado utilizan el dinero de los impuestos para cubrir algunos de los costos del departamento de bomberos, departamento de policía, reparación de calles y presupuestos escolares. Los impuestos sobre la propiedad que usted paga, pueden cambiar cada año, es posible que suban o bajen, dependiendo del avalúo de su propiedad, de los niveles de impuestos que las agencias gubernamentales de su localidad administren. Su Prestamista no tiene ningún control sobre éstos cambios.

◆ **La I** (sigla en inglés de Insurance) **Seguro(s)** — Varios tipos de seguros pueden ser aplicables a su préstamo.

• **El Seguro de Propietario de Casa o Seguro contra Riesgos** — Este seguro protege su casa en caso de incendios, robo, vandalismo, daños ocasionados por el viento, granizo, etc. Es lo que le ayuda a pagar para reparar o reconstruir su casa en caso de daño o pérdida. Se requiere que tenga asegurada su casa durante todo el tiempo que dure el préstamo hipotecario. El Prestamista pedirá una cláusula de "pago en caso de pérdida" en la póliza de su seguro, que muestre al Prestamista con derecho de retención. La compañía de seguros enviará copias de los avisos de renovación de póliza, cobros y cualquier otro cambio en la póliza a ambos, a usted y a la compañía con derecho de retención. Si hay alguna petición o demanda por daños en su propiedad, tales como un techo nuevo debido a daños ocasionados por el granizo, la compañía de seguros generalmente firmará el cheque a nombre de ambos, el dueño de la casa y el Prestamista. Es posible que el Prestamista tenga que endosar el cheque. Esto se hace para proteger los intereses del Prestamista en su propiedad. El Prestamista necesita saber que si la garantía de su préstamo (la casa) es dañada, podrá será reconstruida o devuelta a condiciones que permitan venderla. Cuando esté buscando una compañía de seguros, es importante comparar la cobertura que le ofrecen, el costo, y la evaluación del seguro de la compañía. Algunos Prestamistas requerirán que su compañía de seguros tenga una calificación de B+ o mayor y que su deducible no exceda el 1% de la cantidad de su hipoteca. Pregúntele a su Oficial de Préstamos qué requisitos necesita. Debe asegurarse de que la compañía de seguros que elija sea lo suficientemente grande y tenga las reservas adecuadas para cubrirlo en caso de una pérdida o tragedia grande en su área. Por ejemplo, en caso de que haya un tornado que ocasione daños a muchas casas que estén aseguradas por la misma compañía al mismo tiempo, usted querrá saber si tienen las reservas necesarias suficientes para pagar todas las demandas.

• **La Póliza de Seguro Hipotecario** (MIP Mortgage, Insurance Premium), El **Seguro Hipotecario Privado** (PMI Private Mortgage Insurance) — El seguro hipotecario es una póliza de seguro que usted le provee al Prestamista para protegerlo en caso de que usted no cumpla con los pagos del préstamo. Este ayuda a reducir el riesgo del Prestamista en un préstamo con un enganche pequeño, ya que la Compañía de Seguros Hipotecarios comparte el riesgo con ellos. Mientras más dinero invierta usted en su casa de su bolsa, menor el riesgo que corre el Prestamista de que usted incumpla con los pagos del préstamo. Si usted invierte 15 o 20% de su dinero propio en su casa, lo más seguro es que la venda para recuperar su dinero, antes que dejarla perderse para que el banco la embargue o la lleve aun juicio hipotecario. El Seguro Hipotecario se requiere siempre que el Comprador pague menos de 20% de enganche para la compra de una casa. Esta cuota puede ser financiada en el préstamo, pagado en efectivo en el momento de cierre del contrato, pagado en un plan de mensualidades o en una combinación de éstas opciones. Esta cuota se basa en una escala determinada por la cantidad del enganche — mientras más paga de enganche, menor será la cuota.

Una ley federal dice que los Prestamistas deben permitirle dejar el Seguro Hipotecario una vez que tenga 20% del valor líquido en la casa.

El Valor Líquido es la diferencia entre lo que debe de la casa y el valor de la casa en el mercado. Usted gana valor líquido pagando su préstamo, haciendo mejoras a su casa y con el aumento de valor o revalorización de su casa. **Por ejemplo**: Si el valor de venta actual de su casa es $100,000 y usted debe $80,000 en el préstamo, usted tiene $20,000 de valor líquido, o de capital suyo en la propiedad. ($100,000 - $80,000 = $20,000). Si necesita 20% del valor en el mercado de la propiedad en valor líquido, para que le quiten el Seguro Hipotecario, necesitará $100,000 x 20% = $20,000 de valor líquido. Al parecer, en éste caso, hay suficiente valor líquido para solicitar que les quiten el seguro hipotecario.

Para que le quiten éste seguro, necesitará comunicarse con el departamento de Servicio al Cliente de la oficina donde usted hace sus pagos. No puede solamente dejar de pagarlo. Probablemente le pedirán que uno de sus valuadores aprobados haga un avalúo, por el cual usted tendrá que pagar o tendrá que enviar alguna otra documentación que demuestre el valor actual de la propiedad en el mercado y su buen historial de pago. *Remueva éste seguro lo más pronto posible; el deshacerse del seguro hipotecario le ahorrará dinero y bajará su pago mensual.*

• **El Seguro contra Inundación** — El seguro contra inundación es una póliza que asegurará su casa en caso de daños por inundación. Si su casa está ubicada en una zona federalmente designada como área de inundaciones, el Prestamista le pedirá que tenga una póliza contra inundaciones. Los Prestamistas requerirán una certificación

NOTES

o inspección de inundaciones en cada propiedad que vayan a financiar aún cuando la propiedad se encuentre en la cumbre de una loma muy alta. Tienen que tener verificación por escrito de que la propiedad no está en una zona designada como zona de inundaciones. Dichas zonas se basan en la probabilidad estadística de que ocurra una inundación. Si hay un 1% de probabilidad anual de inundación, como determina la Agencia Federal de Manejo de Emergencias (FEMA por sus siglas en inglés), entonces se tiene que comprar el seguro contra inundaciones. Las pólizas de seguro contra inundaciones pueden ser caras y pueden tener restricciones en cuanto a remodelaciones o construcciones en su propiedad. Si el costo de mejorar su casa es más del 50% del valor del mercado, tendrá que cumplir con los requerimientos actuales de construcción en la zona de inundaciones.

• **El Seguro de Vida Hipotecario** — El seguro de vida hipotecario es una póliza que algunos Prestamistas o agentes de seguros ofrecen, designada a pagar su hipoteca en caso de que usted muera. Normalmente, éste dinero puede ser usado únicamente para pagar el préstamo, aún si usted decide que quiere vender la casa. Algunos Prestamistas le ofrecerán financiarle dicha cobertura. Siempre investigue primero. ¡No agregue varios miles de dólares a su préstamo y termine pagando intereses sobre ése dinero también! Comúnmente las pólizas de seguro de vida hipotecarias, son pólizas que decrecen con el tiempo. Esto significa que a medida que la cantidad que usted debe en su préstamo disminuye, así también disminuye lo que le pagarán; sin embargo, la cobertura o prima no se reduce. Como una alternativa, usted puede buscar una Póliza de Término normal con su agente de seguros. La prima puede ser más baja y puede que tenga más opciones en cuanto a cómo usar el dinero. *Debe buscar y comparar antes de tomar una decisión.*

• **Las Cuotas de Asociación de Propietarios** — Si usted está comprando un condominio o casa de ayuntamiento, puede que tenga cuotas de Asociación de Propietarios, que generalmente cubren los costos de seguro del edificio (no de los contenidos — usted tendrá que comprar cobertura de seguro por separado) y posiblemente una parte del mantenimiento, cuidado de jardines y terreno, remoción de nieve, etc. **Las cuotas de la Asociación, generalmente se pagan directamente a la Asociación de Propietarios, no al banco al que manda su pago mensual.** Sin embargo, todo o parte de la cantidad mensual puede ser tomada en cuenta para aprobarlo para su pago de casa (PITI).

Por ejemplo — un pago mensual (PITI): Usted está comprando una casa de $100,000 y le están dando un préstamo de $ 97,000 en un préstamo hipotecario con un 7% de interés a 30 años. Su pago al principal e interés al banco por el préstamo sería de $665 al mes. Los Impuestos de la Propiedad serían $1,200 al año o $100 al mes y su póliza de seguro es de $300 al año o $25 al mes. Ya que usted sólo dio 3% de enganche en su préstamo, usted también tendría un pago de $73 mensuales por Seguro Hipotecario Privado. Su pago mensual total o PITI sería:

$$PI \quad = \$665$$
$$T \quad\ = \$100$$
$$PMI = \$ 73$$
$$\underline{I \quad\ \ = \$ 25}$$
$$\textbf{PITI} = \textbf{\$863}$$

Las Cuentas de Plica

La mayoría de los Prestamistas le pedirán que abra una cuenta de **Plica** o deposite sus Impuestos y Seguros. Esto significa que recibirán el pago de sus Impuestos y Seguros mensualmente, junto con el pago de su préstamo hipotecario, y depositarán el dinero de sus Impuestos y Seguros en una cuenta separada, denominada cuenta de Plica o depósito, hasta que le toque pagarlos. El Prestamista hará los pagos por usted, de su cuenta de plica o depósito. Si sus Impuestos o Seguro aumentan, o disminuyen, su pago puede aumentar o disminuir de acuerdo a dicho cambio. Las cuentas de plica o depósito generalmente se revisan y ajustan una vez al año.

Generalmente usted tendrá que pagar una cuota cuando cierre el contrato y cumpla con los requisitos del Prestamista si usted no pone sus Impuestos y Seguros en una cuenta de plica o depósito. Usted debe dialogar con su Oficial de Préstamos antes del cierre del contrato. Los Prestamistas prefieren recaudar los impuestos y seguros como parte de su pago porque de ese modo saben que serán pagados en su totalidad y puntualmente. Si no paga su seguro y la casa se incendia, no habrá dinero para reconstruir. La casa es la garantía de su préstamo y el Prestamista no querrá arriesgarse a perder la garantía (ni usted tampoco debería). Si no paga sus impuestos completos y a tiempo, un gravamen por impuestos no pagados podría ser puesto en su propiedad, y podría ser vendida en una venta de impuestos. El Prestamista no podrá recuperar la cantidad completa de dinero que usted todavía debe si la casa es vendida por impuestos. Ninguna de estas situaciones le conviene al Prestamista. Ya que le cuesta más dinero, la cuota tiende a desanimar a la gente para que acepten la cuenta de plica o depósito. Para la mayoría de la gente, tener una plica es la mejor opción ya que no tienen la disciplina para separar el dinero cada mes, y no gastarlo, para cubrir el costo que necesitarán pagar después. Es muy fácil gastar el dinero de la plica cuando se descompone el carro o quiere salir a alguna cena especial.

Cada año, usted recibirá un Estado de Cuenta de Plica por parte del Prestamista, mostrando todas las transacciones que han entrado y salido de su cuenta de plica. La frecuencia con la que recibirá su estado de cuenta, depende de su Prestamista. Puede que los envíen mensualmente, trimestralmente, o anualmente. Es importante que revise sus estados de cuenta para verificar que sean correctos; si no entiende el estado de cuenta, llame al número de Servicio a Clientes que aparece en el estado de cuenta, o a su Prestamista local para que le asesore.

¿Cuánto Dinero Necesitará Tener Para Comprar Una Casa?

¿Recuerda esas Verdades Básicas de las que hablamos al principio?

◆ **Se requiere dinero para que le presten dinero.** Cada préstamo tiene un requisito de inversión mínima por parte del deudor. Esto significa que el comprador de la casa debe dar por lo menos una cantidad mínima de su propio dinero en la transacción, antes de que el Prestamista le otorgue el préstamo. Esa cantidad mínima variará dependiendo del tipo de préstamo, de 0 a 5% del precio de compra. En casos en los que no satisfaga las pautas normales de aprobación, los requisitos pueden ser más altos. Si está comprando una casa de $80,000 puede que necesite de $0 a $4,000 para cubrir su costo para comprar una casa. Si está comprando una casa de $100,000 puede que necesite de $0 a $5,000. Hay muchos programas de asistencia disponibles para ayudar con el enganche y costos de cierre de contrato, pero generalmente se basan en su ingreso. Asegúrese de preguntarle a su Prestamista, sobre los programas disponibles de la Autoridad de Vivienda Estatal (SHA por sus siglas en inglés) o el Consejo de Vivienda (Housing/Counseling Partnership) y los requisitos en su área. Su Oficial de Préstamos le dirá el costo aproximado de los programas de préstamo para los cuales califica.

Su inversión mínima, si se requiere, es aplicada a su enganche y costos de cierre de su préstamo. Hay mucha gente involucrada en el proceso de compra, como usted vio en la lista de "Jugadores

Involucrados", y por cada uno de sus servicios se cobra una cuota. La cantidad total de sus cuotas es lo que compone el costo de cierre que se cobra por su transacción de préstamo.

◆ **No puede sacar un préstamo para conseguir otro préstamo.** Los Prestamistas querrán que demuestre que usted cuenta con la inversión mínima requerida en su cuenta de cheques, ahorros, o inversiones antes de permitir que cierre el contrato del préstamo. El Prestamista quiere saber que usted mismo ha ahorrado éste dinero y que no lo sacó en un préstamo sin garantía.

En la mayoría de los casos, usted puede usar un préstamo con garantía para sacar valor líquido de su casa, carro, etc. para los gastos de cierre del contrato; sin embargo, usted ésta obteniendo otro préstamo y sumando otra deuda y otro pago a sus índices de deuda, lo cual puede afectar su aprobación. Los Prestamistas querrán ver el "papeleo" que demuestre que el dinero proviene de los fondos en sus cuentas. Por ejemplo sus estados de cuentas bancarios, que muestren el depósito de nómina mensual y transferencias electrónicas a su cuenta de ahorros.

Su declaración anual de impuestos puede mostrar que usted recibió un reembolso de $2,500, y su estado de cuenta muestra el depósito de $2,500 en marzo de su devolución de impuestos. Copias de estos documentos son sus pruebas documentadas. Un Prestamista le pedirá que lleve dos meses de estados de cuenta. Si ha habido cantidades grandes depositadas además de su cheque de nómina, necesitará explicar qué son y de dónde provienen.

El banco generalmente no le dará crédito por ningún dinero que no pueda ser comprobado con la documentación completa. Si usted conserva todos sus ahorros debajo del colchón en su casa, **puede que tenga** un problema. Necesita depositar el dinero en una cuenta a su nombre cuando solicite el préstamo. Puede que algunos préstamos requieran que tenga el dinero en dicha cuenta por al menos 3 meses *antes* de solicitar el préstamo.

Fondos de Regalo

¿Qué pasa si usted tiene la inversión mínima requerida, pero no todo el dinero que necesita para el enganche, costos de cierre de contrato y gastos prepagados, y ya no puede esperar más para comprar la casa de sus sueños? Los Prestamistas pueden permitirle que use **fondos de regalo.** El dinero que le hayan dado como regalo, sin requisitos de pago, se le denomina fondos de regalo.

Usted puede usar dichos fondos de regalo para ayudar a cubrir su enganche y costos de cierre de contrato. Usted tendrá que tener **su** propia inversión mínima requerida, pero podrá usar fondos de regalo de algún pariente directo o pareja documentada (su Prestamista le dirá que documentación se requiere en éste caso) para cubrir el resto.

La persona o personas que provean los fondos de regalo, deben darle también una carta firmada que diga la cantidad del regalo, cómo serán dados los fondos y que el dinero es un regalo de "buena fe que **no tendrá que ser pagado**." Si le dan los fondos antes del cierre de contrato, puede que los donantes tengan que proveer prueba de tener los fondos para darle, con un estado de cuenta o una carta de su banco o con un cheque cancelado. Su Prestamista le proveerá una forma de "carta de regalo" para que la llenen y firmen los donantes del los fondos, y usted, como receptor de los fondos. Le pedirán que de una copia del cheque que recibió y la ficha de depósito que muestre el depósito por esa misma cantidad de dinero. Si recibe los fondos durante el cierre de contrato, el donador debe proveerlos con un cheque certificado o cheque bancario.

LECCIÓN 4

¿QUÉ TIPOS DE PRÉSTAMOS HAY DISPONIBLES?

Frecuentemente la gente se confunde con todos los tipos de préstamos y sus nombres. Para entenderlos vamos a compararlos con los fabricantes de automóviles; solo hay unos pocos. Pero cada uno de los principales fabricantes de autos, produce ciertos modelos básicos. Los otros vehículos son variaciones de ésos modelos básicos; al parecer son similares, pero varían en precio, tamaño y opciones. Independientemente de sus diferencias, todos lo llevarán a dónde usted quiera ir. Con los préstamos hipotecarios es lo mismo. Todos son "vehículos" que lo llevarán a conseguir una casa, pero hay algunas diferencias en los índices, el enganche, los costos de cierre de contrato, o las reglas de aprobación.

Los Principales Cuatro "Vehículos de Préstamos"

Existen cientos de préstamos que se ofrecen bajo cientos de nombres distintos, pero hay solamente **cuatro "vehículos" básicos o tipos de préstamos: Convencional** (Inversionistas Privados, Fennie Mae y Freddie Mac), **FHA** (Administración Federal de Vivienda), **VA** (Administración de Veteranos) y **Desarrollo Rural** (Departamenteo de agricultura de los E.U.). Son como los Principales Cuatro fabricantes de autos Americanos. Cada uno de los Principales Cuatro tiene muchos modelos y diseños para que usted elija.

Los inversionistas privados compran los préstamos convencionales. Fannie Mae y Freddie Mac son dos organizaciones que compran los préstamos hipotecarios de Prestamistas, los juntan con otros, y los venden a inversionistas. Los inversionistas privados, incluyendo bancos privados, compañías de seguros, y fondos de retiro, compran dichos préstamos de los Prestamistas. Algunos Prestamistas, denominados Gerentes de Portafolio, pueden generar préstamos y mantenerlos en su portafolio propio.

El Departamento de Vivienda y Desarrollo Urbano (HUD) asegura préstamos de de Administración Federal de Vivienda (FHA).

El Departamento de Asuntos de Veteranos garantiza préstamos de la Administración de Veteranos (VA).

Desarrollo Rural (del Departamento de Agricultura de E.U.) hace préstamos de casas directamente y los garantiza.

A los préstamos de la Administración Federal de Vivienda (FHA) y los de Desarrollo Rural, se les denomina algunas veces "préstamos de gobierno," ya que organizaciones gubernamentales los respaldan.

Los veteranos y personal militar activo en el servicio y los miembros de la Guardia Nacional, quienes cumplan los requisitos de servicio, pueden hacer uso de los préstamos a veteranos (VA).

Cualquiera puede solicitar un préstamo Convencional de la Administración Federal de Vivienda (FHA) y de Desarrollo Rural; sin embargo, los préstamos de Desarrollo Rural tienen requisitos adicionales para personal militar activo y para estudiantes universitarios de tiempo completo y algunos tienen límites de ubicación. Los préstamos de la Administración Federal de Vivienda, los de Desarrollo Rural y los de Veteranos también tienen límites de cantidades máximas del préstamo. Pregúntele a su Prestamista los requisitos en su área.

La diferencia principal entre estos préstamos es la cantidad que se requiere para el enganche. El préstamo convencional generalmente requiere un enganche mínimo de 3 a 5%, dependiendo del préstamo, los préstamos de la Administración federal de Vivienda (FHA) requieren un mínimo de 3%, y los de Desarrollo Rural y de Veteranos no requieren enganche.

Todos los demás préstamos se basan de una forma u otra en éstos cuatro tipos de préstamos básicos y generalmente tienen algunos beneficios adicionales (tales como requisitos de enganche más bajos) y restricciones (tales como límites de ingreso).

Los "Programas de Remolque"

El Programa de Garantía de Desarrollo Rural, Agencias de Vivienda Estatales, Bancos, Grupos de Rehabilitación de Vecindarios, y Organizaciones de Vivienda No Lucrativas seguido proveen préstamos especializados para revitalizar ciertas áreas o ayudar a personas de bajos ingresos y/o para primeros compradores para que logren ser propietarios de casa. Estos "Programas remolque" usualmente se basan en los Cuatro Tipos Principales de préstamos, pero han sido modificados de alguna forma para ayudar a que más gente califique para préstamos hipotecarios.

El utilizar uno de éstos préstamos es similar a agregar un remolque a la parte trasera de su carro. El remolque no puede ir a ningún lado sin el carro. Depende del carro y sus limitaciones, pero le permite cargar más equipaje en su viaje. Al jalar el remolque tendrá algunos retos creados por el mismo. Por ejemplo un trailer hará que el

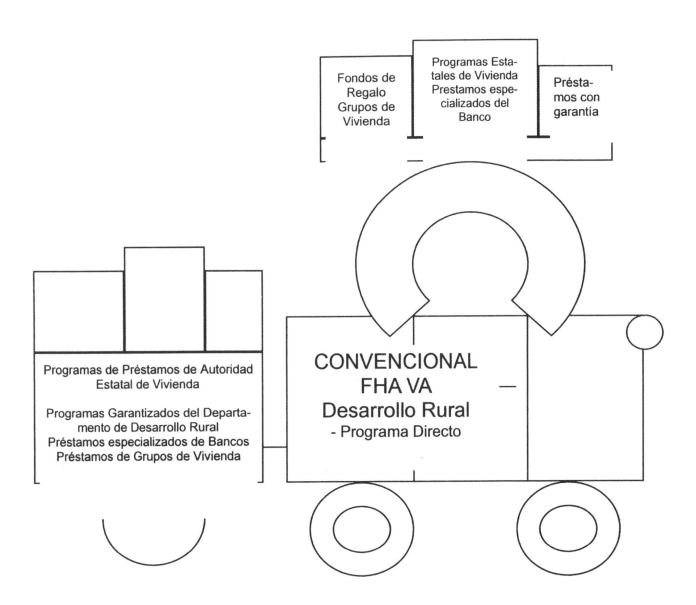

vehículo vaya más despacio y puede hacer más difícil echarse en reversa.

Así como un remolque enganchado a su carro, los préstamos en éste grupo tendrán algunas ventajas y limitaciones propias. Es posible que permitan tasas de interés más bajas, enganches más bajos, índices de deudas más altos y asistencia con el enganche y costos de cierre de contrato que el préstamo de "modelo básico", pero generalmente hay restricciones en cuanto al ingreso familiar máximo, ubicaciones elegibles, precio máximo de compra, recolección de ganancias de tasas de interés subsidiadas, costos, etc. que se tienen que cumplir además de los criterios de aprobación del "Modelo Base" de préstamo.

Los Programas de "Rejilla de Equipaje"

Hay también muchos programas de asistencia disponibles para personas de ingresos bajos o primeros compradores, para ayudarles con el enganche o costos de cierre de contrato involucrados en la compra de la casa. Esta asistencia puede darse en forma de un préstamo o de una donación.

Esto es como agregarle una rejilla de equipaje al vehículo. Una vez más, podrá llevar más equipaje pero hay más situaciones que considerar. Algunas veces, dichas rejillas de equipaje chiflaran con el viento, o se puede desamarrar, desparramando sus cosas en la carretera.

Con los préstamos o programas de asistencia adicional, hay restricciones adicionales o directrices que cumplir, tales como limites de ingreso más bajos o restricciones geográficas. Las Autoridades de Vivienda Estatales, Grupos de Vivienda no lucrativos, Bancos, y Organizaciones de Desarrollo Comunitario o de la Ciudad ofrecen estos programas.

Cada programa de asistencia disponible, tiene sus ventajas, desventajas y directrices que tiene que considerar. Todas son excelentes oportunidades de préstamo, siempre y cuando usted entienda los requisitos y restricciones, califique para ellos y esté dispuesto a cumplirlos.

Pregúntele a su Prestamista si hay algún programa disponible en su área, o llame a su Agencia local de Vivienda y Financiamiento, Desarrollo Rural, o a la oficina de Vivienda y Desarrollo Urbano (HUD).

Otras Opciones de Financiamiento

Hay otras opciones de financiamiento disponibles, además de los bancos tradicionales, cooperativas de ahorro y crédito (Credit

Unions), y compañías hipotecarias o corredores de préstamos que mencionamos anteriormente.

NOTES

◆ **El Asumir una hipoteca** — Se asume una hipoteca cuando usted se hace cargo del préstamo de la propiedad que el Vendedor ya tiene. No todos los préstamos pueden asumirse. Los préstamos que pueden ser asumidos generalmente requieren que el Prestamista otorgue la aprobación y la calificación de crédito por adelantado antes de que la otra persona pueda asumir el préstamo para liberar al Vendedor de su obligación. El Vendedor querrá que usted le dé un pago al contado equivalente a la plusvalía o valor líquido que ha ganado la propiedad, y luego usted se encarga de los pagos restantes del préstamo. Si la tasa de interés del préstamo que usted está asumiendo es considerablemente menor a las tasas de interés actuales en el mercado, el asumir el préstamo puede ser una buena opción. Antes de tomar una decisión, es importante comparar el costo de asumir el préstamo con el costo de uno nuevo.

◆ **El Contrato de Escritura** — Un contrato de escritura es cuando el Vendedor se hace cargo del financiamiento de la casa y mantiene la escritura hasta que el contrato haya sido pagado. En efecto, el Vendedor es también el Prestamista. Las tasas de interés en los Contratos de Escritura son generalmente más altas que las tasas en el mercado y los pagos se hacen directamente al Vendedor. Algunas veces, el Vendedor vende el contrato a algún Inversionista de Bienes Raíces y usted hará los pagos a dicho Inversionista. Los Contratos de Escritura generalmente se hacen por un período de tiempo más corto y muchos requieren un enganche mayor que un préstamo hipotecario normal.

Generalmente un Vendedor hará contratos de escrituras de uno a cinco años nada más, tiempo durante el cual usted tendrá que refinanciar el préstamo o pagar en su totalidad el saldo restante de manera que el Vendedor pueda obtener su dinero y desligarse del trato. Si usted no puede cumplir los términos del contrato en el período de tiempo determinado, el Vendedor puede volver a tomar la propiedad y forzarlo a que se cambie de casa rápidamente. En un contrato de escrituras, las leyes que gobiernan los juicios hipotecarios no lo protegen a usted. Deberá buscar consejo legal. **Conozca y entienda los términos del contrato antes de firmarlo.**

¿Cuáles son las partes de un préstamo?

Un préstamo tiene distintas partes — **el término** o período de tiempo del préstamo, **la tasa de interés**, y la **relación permitida entre el préstamo y el valor.** Necesitará saber si la tasa de interés es fija o ajustable o una combinación de ambas, cuánto dinero

HOJA DE COMPARACION DE PRESTAMOS

EJEMPLO:				
Prestamista	Cualquier Banco	El Otro Banco		
Oficial de Prestamos	Joe Blow	Jane Doe		
Programa de Préstamo	Casa Juntos	Casa		
Cantidad de Inversion Mínima Requerida Por Parte Del Deudor	1% Precio de Compra + $250 = $1,250	2% Precio de COmpra = $1,900		
Precio de Compra Maximo	$100,000	$95,000		
Enganche Minimo Requerido	1% = - $1,000	3% = - $2,850		
Cantidad Máxima de Préstamo	$99,000	$92,150		
Tasa de Interés	7.25%	7%		
Porcentage de Rédito Anual (APR)	7.58%	7.25%		
Pago de PI	$675	$613		
Enganche mínimo Requerido	$1,000	$2,850		
Costo estimado de cierre	3,250	$2,275		
+ Gastos Prepagados estimados	$866	$866		
= Costo Total de Compra	$5,116	$5,991		
-Dinero de asistencia disponible	$3,000	$1,500		
= Efectivo Necesario Para Cerrar	$2,116	$4,491		
Tiempo Estimado para Cierre	30 días después de recibir el acuerdo de compra	45 días después de recibir el acuerdo de compra		
Satisfaccion con el Servicio del Prestamista	Muy bien, devolvió mis llamadas enseguida	Profesional, devolvió mis llamadas al final del día		

	Banco A	Banco B	Banco C	Banco D
Prestamista				
Oficial de Préstamos				
Programa de Préstamo				
Cantidad de Inversión Mínima Requerida Por Parte Del Deudor				
Precio de Compra Máximo				
Enganche Mínimo Requerido				
Cantidad Máxima de Préstamo				
Tasa de Interés				
Porcentage de Rédito Anual (APR)				
Pago de PI				
Enganche mínimo Requerido				
Costo estimado de cierre				
+ Gastos Prepagados estimados				
= Costo Total de Compra				
-Dinero de asistencia disponible				
= Efectivo Necesario Para Cerrar				
Tiempo Estimado para Cierre				
Satisfacción con el Servicio del Prestamista				

necesitará para el **enganche y costos de cierre de contrato** y si **hay o no penalidad por prepago**. *Es importante* saber y entender lo que es cada uno de éstos elementos.

◆ **El Término** — El término de su préstamo es el período de tiempo en el cual usted tendrá que pagarlo. Los préstamos hipotecarios generalmente se ofrecen en términos de 10, 15, 20, 25, y 30 años. Mientras más largo sea el término o plazo de su préstamo, menos será su pago mensual, pero usted pagará más en intereses mientras dure el préstamo. En general, mientras más corto sea el término, las tasas de interés serán más bajas, de manera que usted pagará menos interés. **Por ejemplo**, un préstamo de $100,000 — a 15 años con una tasa de interés de 6.75%, con un pago Principal e Intereses (PI) de $885; a lo largo de 15 años el total que se paga en interés sólo es $59,284. Si el mismo préstamo se hace a 30 años con un 7% de interés y un PI (pago mensual de cantidad principal e interés) de $665, a lo largo de 30 años pagará un total de intereses de $139,509. Esa es una diferencia muy significativa. Sin embargo, si usted necesita un préstamo a 30 años para mantener bajos sus pagos mensuales, usted puede hacer pagos adicionales al principal para bajar el total de interés que pagará a lo largo del préstamo y terminar de pagar más pronto. Si pagara aunque sea $25 extra mensualmente en su préstamo a 30 años, usted terminaría de pagarlo en 26.7 años y pagaría solo $121,481 en intereses, ahorrándose así $18,028.

◆ **La tasa de interés** — La tasa de interés es la cantidad que el Prestamista cobra para dejarlo usar o "rentar" su dinero. Las tasas de interés son fijadas por cada Prestamista diariamente. Varían de un día a otro y hasta puede que cambien varias veces durante el mismo día. Hay muchos factores que pueden afectar la tasa de interés, tales como la economía, el mercado de valores y acontecimientos nacionales o internacionales. Si usted quiere obtener una tasa de interés más baja que la del mercado actual, es posible que pueda **pagar puntos de descuento** para comprar una tasa de interés más baja. Un punto de descuento es, por definición, 1% de la cantidad del préstamo. La cantidad que usted paga para comprar el interés más bajo depende del interés que usted quiera y los **puntos de descuento** que necesite para esa tasa de interés. **Por ejemplo**, digamos que la tasa de interés que se ofrece hoy es 7% sin costos adicionales. Usted quiere tener un interés de 6.75% y cuesta tres cuartos de punto de descuento (.75%) para comprar la tasa de interés más baja. Si la cantidad de su préstamo fuera $100,000, usted pagaría $750 para obtener la tasa de interés más baja (.75% x 100,000=$750).

Su tasa de interés no está garantizada hasta que **sea "cerrada"**. En la mayoría de los casos, su tasa de interés no puede fijarse, o "cerrarse",

NOTES

hasta que se tenga un Contrato de Compraventa de una propiedad. La tasa de interés se "cierra" hasta que usted haga una oferta por escrito y haya un acuerdo sobre la fecha de cierre de contrato.

Una **tasa de interés cerrada** es un acuerdo entre usted y el banco en el cual la tasa de interés en la que acordaron, estará garantizada durante un período específico de tiempo, generalmente 10, 30, 45, 60, 90 o 120 días, durante los cuales el Contrato de Compraventa debe ser cerrado. Esto significa que si suben las tasas de interés, el Prestamista **no puede subir** su tasa de interés y si las tasas de interés bajan, el Prestamista **no bajará** su tasa de interés. **Si no se cierra el contrato durante el período de tiempo garantizado, puede perder la tasa de interés y tendrá que tomar la tasa de interés actual que puede ser más alta, o pagar dinero al banco para comprar la tasa de interés más baja.**

El Prestamista no le dirá cuando cerrar el interés. Usted decide. Si no cierra, toma el riesgo de que los intereses suban y no vuelvan a bajar antes del cierre de su contrato. Si cierra el interés, se está arriesgando a que los intereses bajen, y no podrá aprovechar los bajos intereses. **El cuándo cerrar la tasa de interés puede ser una de las decisiones más difíciles que un comprador de casa puede tomar.** Usted tiene que decidir qué tan a gusto se siente con el riesgo que pueda afectar su pago mensual. La mayoría de la gente cierra la tasa si el interés es bueno y les agrada el pago mensual ¡y listo!

Si está dispuesto a tomar riesgos y cree que las tasas de interés van a bajar, y quiere aprovecharlas, puede que elija **flotar**. La tasa de interés flotante significa que el banco no le garantiza el interés. Va a estar "flotando," observando las tasas de interés hasta que haya una que le agrade. Al hacer esto usted se arriesga a que las tasas de interés suban y ya no bajen antes del cierre de contrato, lo que significará un pago más alto del que hubiera tenido si hubiera cerrado su tasa de interés.

Será su responsabilidad llamar a su Prestamista diariamente para revisar las tasas de interés — No es la responsabilidad del Prestamista llamarle.

La mayoría de los Prestamistas requieren que cierre la tasa de interés por lo menos cinco días antes de la fecha de cierre de contrato, de manera que las aprobaciones finales y documentos de cierre puedan completarse y enviarse a tiempo para que su contrato pueda cerrar. Si tiene un Contrato de Compraventa que diga que el contrato cerrará en 45 días, usted querrá cerrar el interés por lo menos durante 45 días y probablemente hasta 60, en caso de que se presente algún retraso.

Algunos Prestamistas ofrecen una tercera opción para cerrar su interés denominada **tasa de interés flotante a la baja**, que le permite cerrar, o le garantiza, una tasa de interés máxima, en caso de que los intereses suban. Con ésta opción, usted también tiene la oportunidad de cerrar con un interés más bajo si bajaran los intereses, en cualquier momento antes del cierre de contrato.

Por ejemplo: El día que usted acepta un Acuerdo de Compraventa la tasa de interés que le ofrecen es 7%. Sin embargo usted cree que los intereses van a bajar durante las próximas semanas, y usted quiere aprovechar la opción de tasa de interés flotante. La opción de tasa de interés flotante generalmente tiene un "tope" máximo, un poco más alta que la tasa de interés que se ofrece en ese momento. Por ejemplo, la tasa de interés máxima sería 7.25%; si los intereses bajan, usted tiene la opción de "encerrar el interés" en cualquier momento, entre ahora y quince días antes del cierre de contrato. Si las tasas de interés no cambian, usted cerrará a 7%. Si las tasas de interés suben a 7.75%, y nunca bajan, su tasa de interés tiene un "tope" de 7.25%, así es que su tasa de interés sería 7.25%. ¿Qué pasa si las tasas bajan a 6.75% dentro de diez días? Usted puede encerrar el interés ese día y obtener 6.75%. Pero tenga en cuenta que usted sólo puede hacer uso de esa opción de cierre una sola vez. Si los intereses bajan aún más después de que usted "cierre", no podrá cambiar su tasa de interés; se quedará con la tasa de interés con la que cerró.

◆ **La relación entre el préstamo y el valor** — Todo préstamo tiene una **relación máxima entre el préstamo y el valor (LTV)**. El Prestamista sólo prestará cierto porcentaje del valor de la propiedad. Si en el préstamo, la relación préstamo - valor de la propiedad es 95%, significa que el Prestamista solo financiará 95% del valor de la propiedad o precio de venta, *cualquiera que sea menor*, y usted tendrá que dar por lo menos un 5% de enganche para poder cubrir el costo total de la propiedad. **Por ejemplo**: si el valor / precio de la casa es $100,000, 95% (LTV) = Préstamo máximo de $95,000 ($100,000 x 95%). Usted tendrá que tener 5% ó $5,000 de enganche para completar los $100,000 ($100,000 - $95,000 = $5,000) necesarios para comprar la casa.

¿Qué pasa si el precio de venta y el valor de la casa no son lo mismo? Esto puede suceder si el Vendedor ha bajado el precio de su casa para que se venda rápido, o está pidiendo demasiado por su casa. Es posible que la casa valga o sea valuada a $105,000, pero se la está vendiendo a $100,000.

El Prestamista basará siempre su préstamo en lo que *sea más bajo*, el precio de venta o el valor de la casa en el mercado. Por lo tanto, en éste caso el Prestamista financiará 95% del precio de venta de $100,000, ya que es el más bajo de los dos. En efecto, usted está ganando $5,000 en valor líquido, sobre la casa el día que la compra ya que está pagando $5,000 menos de lo que vale, ¡lo cual es un buen trato! Ahora, digamos que usted está comprando la casa a $105,000, pero el valor de la casa es estimado a $100,000. El Prestamista sólo de prestará el 95% del valor de la casa de $100,000, lo que equivale a $95,000 ya que es la cantidad más baja. En ese caso necesitará $10,000 de su propio dinero para compensar la diferencia entre el precio de venta y la cantidad del préstamo, ($105,000 - $95,000 = $10,000) o de ser posible necesitará negociar el Contrato de Compraventa con el Vendedor.

◆ **El efectivo para las cuotas de solicitud, costos de cierre de contrato y enganches** — La mayoría de los préstamos tienen requisitos de enganche, cuotas de solicitud, y costos de cierre de contrato. Puede que haya disponibles algunos programas de asistencia por parte de las autoridades estatales de vivienda, asociaciones no lucrativas, bancos y empleadores, que puedan ayudar a cubrir el total o parte de dichos costos para los Compradores que califiquen. Pregunte a su Prestamista o agencias locales de vivienda si existen programas de éste tipo disponibles en su área.

Algunas veces es posible financiar todo o parte de dichos costos. Se necesita menos dinero de lo que usted cree para comprar una casa. La mayoría de los préstamos requieren que pague de entre 0 a 5 por ciento del precio de compra con su dinero propio.

Usualmente el Prestamista le preguntará si ya tiene usted éste dinero en su cuenta, y si todavía no, de dónde va a salir. ¿Está en su cuenta de cheques, en la de ahorros o en su cuenta de jubilación? ¿Lo tomará de su devolución de impuestos, de sus próximos tres cheques de pago o de alguna liquidación por convenio con alguna agencia de seguros? ¿Tiene copias de sus estados de cuenta del banco, declaración de impuestos o cuenta de retiro para mostrar la cantidad de los fondos? Si no, ¿los puede obtener? Probablemente sería bueno comenzar a juntar los estados de cuenta.

¿Debería Usar Una Tasa de Interés de Préstamo "Fija" o Una Tasa de Interés Hipotecario "Ajustable" (ARM por sus siglas en inglés)?

◆ **Préstamos con Tasa de Interés Fija** — Un préstamo con tasa de Interés Fija es un préstamo cuya tasa de interés se mantendrá igual durante el tiempo que dure el préstamo. Los préstamos de tasa de interés fija son una buena opción cuando los intereses están bajos, si usted tiene un ingreso fijo o limitado, no recibe aumentos de sueldo con regularidad, o no se sentiría a gusto con un pago de préstamo fluctuante. Es más fácil planear su pago mensual cuando sabe cuánto va a ser cada mes.

Un préstamo de interés fijo puede tener algunas variaciones. El Préstamo de Tasa Escalonada y el Préstamo de Pago Adelantado son dos préstamos considerados préstamos de interés fijo, aún cuando la tasa de interés cambiará después de un período determinado de tiempo. En el caso de éstos dos préstamos el cambio del interés y la frecuencia son preestablecidos. Estos préstamos le permiten calificar para un préstamo a una tasa de interés más baja que la tasa de interés con la cual empieza, y va aumentando a una tasa fija de interés más alto a lo largo de un período de tiempo de uno a cinco años, dependiendo del programa.

• **Préstamos con Tasa de Interés Escalonada** — Se les conoce como préstamos de tasa escalonada a los préstamos que comienzan generalmente un par de puntos porcentuales por debajo de las tasas de interés actual en el mercado y subirán o aumentarán, cierta cantidad cada año durante varios años. Cuando alcance el escalón o interés más alto, el interés permanecerá fijo para el resto del préstamo. **Por ejemplo**: Le ofrecen un préstamo de tasa de interés escalonada que comenzará a 6% y aumentará .5% cada año durante 4 años. El primer año, usted tendrá una tasa de interés de 6%. El segundo año, usted tendrá 6.5%, después 7%, 7.5% y 8%. El préstamo entonces permanecerá a 8% durante los 25 años restantes. Este tipo de préstamo le permite calificar para una cantidad de préstamo más alta, ya que la tasa de interés comienza más baja que la tasa de interés regular del mercado.

• **Préstamos con compra de puntos de descuento** — En un préstamo con compra de puntos de descuento, se paga al contado una cuota para "comprar" la tasa de interés por uno o dos puntos porcentuales. Esto significa que su préstamo comenzará 1% o 2% más bajo que la tasa de interés actual del mercado, se quedará así durante un año, luego subirá 1% cada año hasta que pague la tasa que esté en el mercado. Un préstamo de compra de puntos de descuento le permite calificar para el préstamo a la tasa de interés más baja para comenzar, lo que le ayuda a calificar para un precio de compra más alto. **Por ejemplo**: La tasa de interés actual es 7% y usted compra un descuento de 2-1. Su tasa de interés al principio será 5%. El segundo año subirá de 1% por lo que será 6%. El tercer año su tasa de interés subirá otro 1% para un 7% y permanecerá así durante los años restantes de su préstamo.

◆ **Préstamos Hipotecarios de Tasa de Interés Ajustable (ARMs)** — Un préstamo de tasa de interés ajustable es un préstamo cuya tasa de interés cambiará de vez en cuando basándose en ciertos índices del mercado, tales como el Índice de Garantías a un año de la Tesorería de los Estados Unidos o el Índice de Rédito que Ofrece el InterBanco de Londres (LIBOR). Existen muchos tipos de préstamos de tasa de interés ajustable — algunos cambiarán cada 6 meses, algunos cada año, algunos permanecerán fijos durante 3, 5, 7, o 10 años y después cambiarán cada año después de eso. Existen virtualmente docenas de variaciones de éste tipo de préstamo.

Es necesario que entienda los cambios que pueden suceder con una tasa de interés ajustable, qué tan seguido pueden suceder, y necesita preguntarse a sí mismo "¿estoy finalmente en una posición para absorber los aumentos en mis pagos si los intereses suben a lo máximo?"

Los préstamos de tasa de interés ajustable pueden ser una opción cuando usted sólo pretende estar en la casa pocos años, su ingreso estará aumentando, tendrá fuentes de ingreso adicionales, o cuando las tasas de interés fijas están muy altas, ya que los préstamos con tasa de interés ajustable generalmente comienzan más bajos que los préstamos con tasa de interés fija. El Prestamista ajustará la tasa de interés periódicamente para reflejar los cambios en las tasas de interés actuales.

Usted debe familiarizarse con los términos relacionados con los préstamos de tasa de interés ajustables.

• **Tasa de Interés Tope** — Los préstamos de tasa de interés ajustable generalmente tienen un ajuste de tasa de interés "tope" mínimo o máximo anual durante el término del préstamo. La mayoría de los préstamos de tasa de interés ajustable tendrán un ajuste tope de 5% a 6% durante la vida del préstamo. Esto significa que la tasa de interés del préstamo no puede subir más de 5% o 6% de la tasa de interés con la que comienza. Si su tasa de interés al comenzar es de 6.75% y hay un tope de 6%, la tasa máxima de interés que usted pudiera tener sería 12.75%, aún cuando los intereses subieran hasta 15%. Tienen también un tope de tasa de interés más baja o ajuste mínimo. Su Prestamista debe informarle cuál es. El ajuste tope de tasa anual máximo / mínimo es generalmente 1 o 2%, lo que significa que su tasa de interés no puede subir o bajar más de 1 o 2% en un año, aún cuando las tasas de interés cambiaran un 4% ese año.

• **Los Índices** — Las tasas de interés se establecen utilizando un

Índice, o número de base de un producto financiero en particular, tal como el Rédito ofrecido por el InterBanco de Londres (LIBOR) o las Garantías a un año de la Tesorería de los Estados Unidos. Estos son productos que son reportados en la sección financiera del Wall Street Journal; su tasa de interés se usa como línea base para establecer su tasa de interés. Es recomendable que se informe qué tan volátil, o activo está dicho índice. ¿Tiene cambios muy bruscos hacia arriba o hacia abajo? ¿Cambia seguido? A éste interés se le agrega el margen del banco para calcular su tasa de interés. Si usted tiene un Préstamo con Tasa de Interés Ajustable, es importante que revise los intereses de su índice más el margen cada año para asegurarse de que su préstamo ha sido ajustado correctamente. Tanto los humanos como las computadoras cometen errores.

• **El Margen** — El margen es la cantidad que el Prestamista le agrega al índice de interés elegido para establecer su tasa de interés. Los márgenes usualmente son de 2.25 a 2.75%. **Por ejemplo**: si el índice de interés ofrecido por las Garantías a un año de la Tesorería de los Estados Unidos es 4.5% y el margen del banco es 2.75%, su tasa de interés será 7.25%.

• **La Opción de Conversión** — Si a la tasa de interés aumenta, algunos Préstamos Hipotecarios con Tasa de Interés Ajustable (ARM), ofrecen la opción de conversión, la cual le permite cambiar a una tasa de interés fija, con una cuota de comisión nominal. Usted puede hacer la conversión únicamente en cierta fecha especificada por la compañía que esté financiando su préstamo (generalmente ésta fecha es el aniversario del día en el que cerró el contrato del préstamo) durante un cierto período específico de tiempo. **Por ejemplo**, usted solamente puede elegir hacer la conversión en la fecha específica del cambio durante los primeros cinco años de su préstamo. Después de cinco años, la conversión no es una opción y tendrá que refinanciar su préstamo para obtener una tasa de interés fija, pagando el costo completo de cierre de contrato en vez de la cuota de conversión. La tasa de interés que recibe cuando hace la conversión es usualmente más alta que la tasa de interés fija actual (usualmente .625% más alta), pero usted no tiene que pagar el costo de cierre de contrato completo por refinanciar.

NOTES

Lección 5

COMPRAR UNA CASA

Una vez que ha ido con un Prestamista, ha sido preaprobado para su préstamo, y ha ahorrado suficiente dinero para cubrir su enganche y costos de cierre de contrato, comienza la parte divertida. Usted puede empezar a buscar una casa.

¿Cómo encontrar una casa para comprarla?

Puede buscar en el periódico en la sección de "Casas de Venta," puede buscar en la "Guía para Compradores" que puede adquirir en los supermercados, tienditas y en las entradas de negocios, puede pasear por distintos vecindarios en busca de anuncios "De Venta," o buscar en Internet. Hasta puede preguntarle a amigos y compañeros de trabajo si saben de alguna propiedad que esté a la venta.

Usando a un Agente de Bienes Raíces

La mayoría de la gente comienza poniéndose en contacto con un Agente de Bienes Raíces. El usar un Agente de Bienes Raíces es la forma más eficiente de buscar una casa. Pídale a sus familiares, amigos o socios que le recomienden a un buen Agente de Bienes Raíces. Debe entrevistar por lo menos a dos agentes de Bienes Raíces antes de tomar una decisión, porque pasará mucho tiempo con ésa persona, en busca de la que probablemente será la compra más cara de su vida.

La persona que elija debe ser alguien que: le devuelva sus llamadas en un tiempo razonable, con quien se sienta a gusto, esté dispuesto a explicarle las cosas en términos que usted entienda, y quien escuche lo que usted quiere. Un buen Agente de Bienes Raíces puede hacer el proceso de comprar casa más productivo y puede proveerle una gran variedad de servicios. Su Agente de Bienes Raíces buscará en las listas de casas de venta para mostrarle las casas que satisfagan sus necesidades. Le puede proveer información sobre la comunidad, escuelas, impuestos de las propiedades, y convenios de la propiedad, o códigos de regulación y hará un análisis del mercado de las casas en las que usted esté interesado en hacer una oferta. El Agente de Bienes Raíces le dará las respuestas de cualquier pregunta que usted tenga sobre la propiedad (o lo referirá a la persona que pueda contestarlas), le explicará a usted los términos de los documentos, le ayudará a escribir una oferta de compra, le presentará la oferta al Vendedor o al agente del Vendedor, y le ayudará a hacer los arreglos para el cierre del contrato.

Los Agentes de Bienes Raíces pueden tomar cursos de educación adicionales para obtener algunas certificaciones profesionales; puede que sean Representantes Acreditados del Comprador (ABR por sus siglas en inglés), Especialista Residencial Certificado (CRS), Corredor Residencial Certificado (CRB), o que se hayan Graduado del Instituto REALTOR ® (GRI), así es que puede preguntarle a su agente qué otra certificación tiene.

Si elige no usar a un Agente de Bienes Raíces, debería buscar la ayuda profesional de un abogado para escribir y revisar el Contrato de Compraventa. Un abogado se asegurará de que su oferta cubra todas las cuestiones y detalles legales pertinentes de quién es responsable de qué y cuales son los cargos. Sin embargo, usualmente el abogado no le presenta la oferta al Vendedor ni negocia el precio y los detalles por usted. Un abogado no lo sacará a mostrarle casas; usted necesitará encontrar la casa y traerle la información.

La mayoría de las comunidades tiene **Servicio de Listado Múltiple** (MLS), que es un sistema de listado automático al que las oficinas de bienes raíces pueden pertenecer. El Sistema de Listado Múltiple contiene todas las propiedades en la lista de ventas de todos los socios de las oficinas. Esto le permite a cualquier agente, en cualquier oficina ser parte del Servicio de Listado Múltiple, para tener acceso a la información de todas las casas listadas por dicho servicio. Esto le permite trabajar con un solo Agente de Bienes Raíces. Su Agente de Bienes Raíces le podrá mostrar cualquier casa en la que esté interesado y le proveerá la información de la lista aunque haya sido enlistada por otro agente o compañía.

La cuestión de la representación se vuelve un factor de consideración importante cuando trabaja con Agentes de Bienes Raíces, y es importante que sepa y entienda quién está representando a quién en la transacción. Pueden ocurrir distintos tipos de relación con agentes, y no son determinadas por la fuente de compensación para el Agente de Bienes Raíces. En otras palabras, la persona que paga la comisión no es necesariamente la persona para quien el agente trabaja. Cuando una persona representa los intereses de la otra en una transacción, se forma una **relación con la agencia.** Las leyes estatales, las leyes de principios generales de agencia, y el Código de Ética de REALTORS® define las responsabilidades del Agente de Bienes Raíces quienes representan a las personas que compran o venden una propiedad.

Existe una relación de agencia entre un cliente, ya sea Comprador o Vendedor, y un Agente de Bienes Raíces, o uno de los agentes de

Inmobiliarios asociados con la agencia. Los Agentes de Bienes Raíces tienen la obligación de proveer lealtad no dividida, obediencia, confidencialidad, y hacer una declaración completa y exacta de la contabilidad y tener un cuidado razonable hacia su cliente.

Algunos Agentes de Bienes Raíces sólo listarán y venderán casas en representación de las personas que deseen vender sus hogares. Se les denomina **Agentes de Listado** o **Agentes del Vendedor.** Los Agentes de Listado o del Vendedor, **trabajan para el Vendedor**, como lo hacen todos los Agentes de Bienes Raíces en esa misma oficina donde la casa fue enlistada. Es su fiduciario, o responsabilidad legal ayudarle al Vendedor a vender su propiedad por el mejor precio posible y representar sus intereses en la transacción inmobiliaria. Significa que le deben decir al Vendedor todo lo que saben sobre el Comprador y cualquier información que el Comprador les revele que pueda afectar la decisión del Vendedor en una situación en la que haya una oferta. Si un Comprador dice que le gustaría ofrecer $90,000 por la casa, pero que subiría hasta $95,000 si se requiere, el Agente del Vendedor debe decirle al Vendedor que el Comprador pagaría los $95,000.

También hay **Subagentes del Vendedor.** La compañía que enlista la propiedad es la Corredora de Listas. Las otras compañías de Bienes Raíces son Subagentes del Vendedor, o agentes de cooperación, porque como ellos, también trabajan para el vendedor. La lealtad es hacia el Vendedor ya que la información es compartida entre las compañías en el Servicio de Listado Múltiple.

Algunos Agentes de Bienes Raíces sólo trabajan con las personas que están buscando casa para comprar. Se les denomina **Agentes del Comprador**. Los agentes del Comprador trabajan con el Comprador para encontrar una casa, le proveen un estudio de mercado de la propiedad que elija, le ayudan a escribir el Acuerdo de Compra, y representan al Comprador en el proceso de negociación. El fiduciario o responsabilidad legal del Agente del Comprador es proteger los intereses del Comprador en la transacción. El Agente debe darle al Comprador cualquier información que averigüe a cerca del Vendedor o la casa, que pueda afectar la decisión del Comprador en el proceso de hacer una oferta. Al Agente del Comprador se le puede pagar de distintas formas. Asegúrese de preguntar cómo le será pagada su comisión, cuándo le será pagada y cuánto se le pagará.

Los Agentes de Bienes Raíces que trabajan con ambos Vendedores y Compradores son llamados **Agentes Duales**. Una agencia dual se crea cuando un Agente de Bienes Raíces muestra o vende una casa

NOTES

que el enlistó a la venta en la oficina de su compañía, a un Comprador, a quien está representando como Agente del Comprador. Ya que el Agente de Bienes Raíces tiene una responsabilidad al Vendedor, a través de la relación establecida con la Agencia cuando se enlistó la propiedad con su compañía, y al Comprador, como el Agente del Comprador, se crea una situación de agencia dual. En éste caso el agente no puede decirle al Comprador o al Vendedor información a cerca de la otra persona que pudiera comprometer la posición de cualquiera de las dos partes implicadas. El agente no puede hacer nada para dañar a ninguna de las partes.

Es muy importante que usted sepa y entienda estas relaciones antes de decir nada sobre su posición financiera o pensamientos acerca de la propiedad. Puede comprometer su posición para regatear si le dice mucho al Agente del Vendedor. Si tiene dudas, no diga nada a nadie sobre la cantidad de préstamo que se le ha aprobado, los términos o el precio que está considerando, sus motivos para hacer la oferta o comprar la casa, o cualquier otra cosa que pueda comprometer su posición.

Un agente debe declararle a usted su relación de "**Agencia**" por escrito, antes de mostrarle cualquier casa. **Como comprador, le conviene contratar a un Agente de Bienes Raíces para que sea su Agente del Comprador**. De ésta forma, el Agente de Bienes Raíces lo está representando a usted y a sus intereses, y no puede comprometer su posición si sucede una situación de agencia dual. La Agencia Dual no es un problema, siempre y cuando establezca su relación de Agencia del Comprador antes de buscar la casa, o sepa desde un principio, antes de hablar de la información de calificación o financiera, a quién exactamente esta representando la persona con quien está hablando.

El Prestamista no le dirá al Agente de Bienes Raíces, Vendedor o cualquier persona externa para cuánto calificó usted, a menos que usted les autorice. Esta es información confidencial. Usted no le tiene que dar ésta información a nadie, incluyendo a su Agente de Bienes Raíces. El Agente de Bienes Raíces no necesita saber que ya fue al banco, que ya sabe para cuánto califica, y que ya fue preaprobado por lo menos por la cantidad que está ofreciendo. La mayoría de los Vendedores requerirán una carta de aprobación de crédito de parte de su Prestamista en el momento en el que haga una oferta. *Usted no querrá que su carta diga la cantidad máxima para la que califica*, ya que el Vendedor sabrá entonces que puede pagar más que la cantidad que está ofreciendo; ésa información puede comprometer su posición para regatear.

Generalmente se les paga una comisión a los Agentes de Bienes Raíces de las ganancias que obtiene el Vendedor de la venta. A los Agentes de Bienes Raíces no se les paga a menos que cierre la transacción. Por lo tanto, los Agentes de Bienes Raíces quieren trabajar con gente que sea un Comprador calificado y serio. La comisión es calculada en el precio de venta de la propiedad cuando la casa se enlista a la venta. La cantidad total de la comisión está destinada a cubrir la comisión de ambos agentes el que enlista y el de ventas involucrados en la venta de la propiedad. En realidad usted, el Comprador, está pagando la comisión en el precio de compra de la casa, ya sea que use un Agente de Bienes Raíces o no.

Cuando un Vendedor está listo para poner su casa en la lista de venta, él va a establecer el precio de su casa sumando la cantidad que todavía debe de la casa, su costo de cierre de contrato, el costo de la comisión de el/los Agente(s) de Bienes Raíces (un promedio de entre 4 -10%), y cualquier valor que haya aumentado la propiedad (valor líquido). La cantidad que resulte puede ser realista o no en comparación con casas similares en el mercado.

Por ejemplo: El valor en el mercado para el Vendedor es $90,000. Esta es la cantidad por la que podrá venderla.

El debe: $55,000 en su Primer Préstamo Hipotecario
$ 10,000 en su Segundo Préstamo Hipotecario
$ 1,500 costo de cierre de contrato
$ 6,300 7% de Comisión del Agente de Bienes Raíces
$72,800 precio mínimo de venta para cubrir gastos

Cualquier cantidad que obtenga por encima de los $72,800 es dinero en efectivo en su bolsillo, la ganancia o valor líquido que ha ganado.

Algunas veces las casas no valen lo que todavía se debe en el préstamo porque el precio en el mercado baja, o porque se refinanció a un precio por encima del valor de la propiedad, o porque la propiedad esté descuidada, etc. Si el Vendedor esta enlistando su casa con un agente de Bienes Raíces, el Agente hará un análisis de mercado para obtener un precio realista para la casa. Su análisis no tendrá nada que ver con cuánto deba el Vendedor de la casa todavía, o qué ganancia quiera obtener el Vendedor. El valor que el Agente de Bienes Raíces da, está basado en la cantidad en la que se han vendido casas similares en el área. Recuerde que el Vendedor puede poner su casa de venta por el precio que él quiera. Por la insistencia del Vendedor, algunos agentes de Bienes Raíces pondrán las casas de venta por una cantidad que saben es poco realista, con el entendimiento de que si no se vende en cierto período de tiempo, el Vendedor bajará el precio. Por tanto, no asuma que el precio al que está enlistada la casa es un precio realista.

Mucha gente piensa que si no usan un Agente de Bienes Raíces para comprar una casa, podrán ahorrar dinero, ya que no habrá cuotas de Agente de Bienes Raíces. El Comprador puede pensar que podría conseguir la casa a 7% o $6,300 menos. Sin embargo, la realidad es que, el Vendedor está pensando que si no usa un Agente de Bienes Raíces, podrá conservar $6,300 más por la venta de su casa. ¿Por qué darle esa diferencia al Comprador? Es el valor líquido que él ha ganado, no el Comprador. De hecho las estadísticas muestran que los Compradores, en promedio, pagan menos por una casa cuando usan un Agente de Bienes Raíces.

Si un Comprador nunca antes ha comprado una casa, y un vendedor nunca antes ha vendido una casa, habrá dos personas tratando de realizar una transacción legal complicada sin ninguna guía u orientación. Sin ayuda profesional, hay muchas posibilidades de malentendidos, omisiones, o innumerables problemas. También puede ser muy difícil negociar con el Vendedor frente a frente. ¿Qué debe contener el Acuerdo de Compraventa? ¿Cómo determinar si el precio de venta es realista? ¿Qué arreglos se tiene que hacer para poder cerrar la transacción? ¿Cómo resolver un problema encontrado por el Inspector de la Casa o por el Valuador? Su Prestamista sólo es responsable de procesar sus documentos del préstamo, y el Agente de Cierre de Contrato sólo es responsable de conducir el cierre, explicar los documentos de cierre de contrato y asegurarse de que todo el papeleo se complete y sea firmado de acuerdo a las instrucciones del Prestamista. Ninguno le aconsejará o le ayudará con el Contrato de Compraventa ni con problemas que se desarrollen entre usted y el Vendedor. Eso sería el trabajo de su Agente de Bienes Raíces.

¿Qué Tipos de Casas Hay Disponibles?

¿Ha pensado qué tipo de casas quiere? ¿Quiere una para una sola familia en la ciudad o en el campo, una casa colindante, o un condominio, una casa en una Urbanización Planeada o una casa prefabricada?

◆ **Vivienda No Adjunta Para Una Sola Familia** — La mayoría de las casas son la típica casa tradicional sola, ubicada en una subdivisión, vecindario o terreno. Usted es dueño de la casa y el terreno y es responsable por el mantenimiento de ambos.

◆ **Vivienda de Dos, Tres o Cuatro Apartamentos** — Estos son apartamentos o casas con dos, tres o cuatro unidades. Usted puede ocupar una de las unidades y rentar la(s) otra(s). Algunos préstamos no requieren que viva en ninguna de las unidades; puede rentarlas todas (Préstamos de Inversión en Propiedad). Si está pensando comprar un Apartamento de varias unidades, sepa cuáles son sus derechos como dueño y cuales los de sus inquilinos. Ser propietario de una unidad de renta es como tener un segundo trabajo, ya que le puede consumir mucho tiempo. Como propietario usted estará tomando riesgos adicionales — algunas veces los inquilinos no pagan la renta, y usted será responsable del costo de reparaciones, mantenimiento, y de revisar que se hagan. ¿Tiene usted tiempo, la energía y el dinero para encargarse de una propiedad de renta?

◆ **Condominio** — Un condominio es una situación similar a un edifico de apartamentos. Usted es dueño de su unidad (las paredes de adentro), pero todos los pasillos, paredes exteriores, terreno y áreas de recreación son propiedad colectiva de todos los dueños. Los dueños forman una asociación para encargarse del mantenimiento de los edificios y áreas comunes. Además del pago de su hipoteca, habrá una cuota de condominio o cuota de asociación para pagar por esos servicios. Los condominios pueden ser una buena opción para aquellas personas que van a comprar casa por primera vez, para una persona soltera, o para una pareja jubilada, porque generalmente son más chicos y menos caros que una casa tradicional para una familia y alguien más se encarga del mantenimiento y jardinería. Usted debe revisar las condiciones de los edificios, costo de las cuotas de condominio, lo que cubren, la situación financiera de la Asociación, ya sea que la Asociación tenga suficientes reservas para cubrir los costos de reemplazo o reparaciones, y cuáles son las reglas de la asociación antes de tomar una decisión. ¿Tiene usted suficientes reservas de ahorros para cubrir el mantenimiento o las reparaciones si las cuotas de la Asociación son demasiado bajas?

◆ **Casa Colindante** — Una casa de ayuntamiento es donde usted comparte paredes comunes con otra unidad, pero cada unidad posee su propio terreno. Similar al condominio, las facilidades y áreas comunes son propiedad compartida por todos los dueños. Usualmente hay una Asociación de Propietarios y una cuota para el mantenimiento y cuidado de las áreas comunes. Usted querrá saber cuánto es la cuota, qué cubre, cuáles son las reglas y cómo es administrada, la situación financiera de la asociación, y si la asociación tiene suficientes reservas para cubrir los costos de reemplazo o reparaciones antes de tomar su decisión. Necesita considerar si tiene suficientes reservas en sus ahorros para cubrir el

NOTES

mantenimiento y reparaciones si la las cuotas de la asociación son demasiado bajas.

◆ **Urbanización de Unidades Planeadas** — Una Urbanización de Unidades Planeadas es una subdivisión o proyecto que tiene áreas comunes tales como un parque, cancha de tenis o alberca, las cuales son propiedad de la asociación de propietarios y su mantenimiento corre a cargo de la misma. Todos los dueños de las casas de dicho desarrollo pueden hacer uso de las áreas comunes, pero usualmente hay una cuota para su mantenimiento, así es que usted deberá saber de cuánto es la cuota, cómo es administrada, qué cubre, y cuáles son las reglas antes de tomar su decisión.

Si usted está comprando una propiedad en una Urbanización de Unidades Planeada, o un condominio o casa colindante que tenga Asociación de Propietarios con cuotas, el Prestamista requerirá que la asociación del desarrollo cumpla ciertas directrices y que sean aprobadas por sus Suscriptores. Le pedirán que provea información para contactar a la asociación y los documentos de la misma, los cuales usted puede obtener usualmente del Vendedor de la propiedad, o del Secretario o Tesorero de la Asociación de Propietarios.

◆ **Vivienda prefabricada** — La vivienda prefabricada es construida en una fábrica y después enviada a su sitio de construcción. Estas casas incluyen casas modulares y casas móviles. Para recibir financiamiento hipotecario tradicional, usted debe ser dueño del terreno, la casa debe ser colocada sobre cimientos permanentes, cumplir las directrices del Departamento de Vivienda y Desarrollo Urbano (HUD), y debe tener impuestos como inmueble. En el caso de una casa móvil, debe también haber sido construida después de 1976.

Buscando Una Casa Ya Existente

Usted debe tener una idea de lo que quiere en una casa, antes de empezar a buscarla.

◆ **Precio de la Casa** — Usted necesita ser realista sobre lo que puede obtener por el rango de precio en el que está buscando. La mayoría de nosotros necesitamos comprometernos, conciliar lo que queremos comprar con lo que podemos pagar. ¿Quiere una casa con cochera para dos carros, 2,400 pies cuadrados, 4 recámaras, 2 baños, con una cocina grande en el mejor vecindario? Probablemente lo pueda pagar, probablemente no. Si no puede, ¿en qué está dispuesto a comprometerse? ¿Está de acuerdo con su esposa(o) en qué cosas son más importantes?

◆ **Tipo de Casa** — El comprar una casa puede ser una experiencia emocional. Mientras que usted tiene una visión de lo que la casa de sus sueños debe ser, puede que algunas veces sea difícil expresar esa visión a otra persona. El Agente de Bienes Raíces comenzará mostrándole muchos estilos y tipos de casas para obtener la idea de lo que le gusta y lo que no le gusta, por eso es importante que usted exprese sus opiniones honestas sobre las casas y sus características.

Después de ver cinco casas en una tarde, puede ser difícil recordar cuál casa tenía qué, así es que debe tomar notas sobre cada casa, escribiendo los pros y contras mientras camina por ellas. Si esta utilizando a un Agente de Bienes Raíces, usualmente le proveerá una copia detallada de la lista; usted puede hacer sus notas en dichas páginas.

◆ **Ubicación de la Casa** — Si usted le preguntara a tres profesionales distintos cuál es la consideración más importante cuando se compra una casa, todos le dirían — ¡Ubicación, Ubicación, Ubicación! Hay un dicho que dice que hay un Comprador para cada Casa; sin embargo hay muchos más compradores para una casa con buena ubicación. Poca gente quiere vivir junto a unas vías activas de tren, una pista de un aeropuerto, o un área industrial. Una casa en éste tipo de ubicación tardará más en venderse. Una casa en una buena ubicación aumentará en valor más rápido que una que está en una ubicación menos deseable.

◆ **Condición de la Casa** — Usted también tiene que tener en mente que la condición de la casa que compra es importante para el Prestamista. De hecho, puede que un Prestamista no esté dispuesto a prestarle dinero para una casa que no cumpla estándares específicos. La casa que usted quiere comprar debe estar en **Condiciones Estándares de la Industria**. Este término significa que la estructura es segura, que todos los sistemas mecánicos funcionan apropiadamente, que no haya agujeros o grietas en las paredes o techos, que no haya evidencia de daños causados por agua, que los pisos tengan cubiertas o acabados apropiados y que el techo y los costados están en buen estado. Las ventanas y ventanas de tormentas no deben estar rotas y deben estar en buenas condiciones de trabajo. Si la casa está en un camino privado, debe haber un acuerdo registrado de mantenimiento y debe haber acceso a la propiedad todo el año. En el momento de cierre de contrato, la casa debe cumplir los Estándares de la Industria, a menos que el préstamo que esté obteniendo permita remodelaciones. Sin embargo, es difícil obtener un Primer Préstamo Hipotecario para comprar una casa que necesite reparaciones. Si usted no cumple con el préstamo o no termina las reparaciones, el Prestamista se queda con una casa que no es vendible. Unos pocos productos de préstamo especializados,

HOJA DE COMPARACION DE CASAS

Dirección de la Propiedad	Pies Cuadrados	Recámaras	Baños	Cochera	Sótano	Plano	Chimenea	Electrodomésticos	Cercado	Tipo de Calefacción	Almacenaje	Ubicación	Convenios	Condición	Estacionamiento	Escuelas		Comentarios
123 Calle Feliz	1200	3	1.5	1	Sin Terminar	Buen tráfico	Estufa de Madera	Sin Tostador de Respuestas	no	Eléctrica	bastante	buena	bien	Promedio	bueno	buenas	necesario terminar el sótano	

usualmente en áreas urbanas, permiten reparaciones en una casa al momento de compra, pero la mayoría de los Prestamistas requieren que la casa esté en buenas condiciones antes de prestar el dinero para la misma.

◆ **Una Inspección de la Casa** — Cuando busque una casa, necesita ver más allá de la decoración y los buenos muebles, sino a la casa misma. Vea detrás de las cortinas, a las esquinas de las ventanas y a las paredes. ¿Hay cuarteaduras, grietas o manchas de agua? ¿Se curvean las paredes? Vea debajo del fregadero y del lavamanos. ¿Hay goteras? ¿Todas las puertas abren y cierran fácilmente? ¿Se esta despegando la pintura del interior o del exterior? ¿Le faltan tejas al techo? ¿Hay grietas en los cimientos? ¿La tierra se inclina hacia la casa o hacia fuera? Todas éstas pueden ser señas de problemas. Puede que sean fáciles y baratos de arreglar, o puede que no. ¿Lo puede usted determinar? ¡No saber puede costarle una cantidad sustancial de dinero! Si usted no tiene experiencia en éstos campos, es una buena idea contratar a un Inspector Profesional de Casas.

El inspector no tiene un interés emocional ni financiero en la casa y le puede dar una evaluación imparcial de la casa, sus condiciones, con qué problemas puede que tenga que lidiar, y el costo aproximado de las reparaciones necesarias.

◆ **Un Análisis de Mercado** — Una vez que haya encontrado la casa que le guste, su Agente de Bienes Raíces debe proveerle un análisis de mercado de la casa. El análisis de mercado comparará la casa con otras propiedades similares, las cuales se han vendido en los últimos seis meses. El análisis de mercado le ayudará a determinar un precio razonable que ofrecer por la casa. Debe preguntar ¿qué zonas hay en la región? ¿Es residencial, multifamiliar, agrícola o comercial, etc.? ¿Está en una zona de inundaciones? ¿Hay convenios o restricciones sobre lo que se puede hacer o construir en la propiedad? ¿Cuántos animales puede tener? ¿Qué tipo de animales se permiten? ¿Puede tener un negocio en su casa en ésa zona? ¿Hay espacio en la propiedad para construir una cochera o ampliar la casa? Debe obtener respuestas a todas sus preguntas antes de tomar su decisión.

Decidir Construir Una Casa — Construcción Nueva

Más y más gente está tomando la decisión de construir una casa nueva en vez de comprar una ya existente, lo que puede ser un proceso emocionante y con retos. Si usted está utilizando a un agente de Bienes Raíces, asegúrese de que tenga experiencia en construcciones nuevas. Una persona experimentada y con conocimientos puede guiarlo a través del proceso y hacerlo menos estresante.

Antes de construir una casa, usted debe considerar varios factores:

◆ **Factores de Costo** — Construir una casa nueva es generalmente más caro que comprar una ya existente. De un año a otro, el costo de construir exactamente la misma casa aumenta debido al aumento en el costo de los materiales y la mano de obra. La madera cuesta más, los entablados cuestan más, los materiales del techo cuestan más, y los empleados de cada contratista quieren aumentos de sueldo al igual que usted. Todo en la casa es nuevo, y usted pagará por eso. Sin embargo, ya que todo en la casa es nuevo, usted no tendrá que pagar ninguna reparación ni mantenimiento mayor durante mucho tiempo.

◆ **Costo del Terreno y Consideraciones** — El costo del terreno varía mucho dependiendo de la ubicación de la propiedad, ya sea que el agua y drenaje estén ya instalados, y cuanto costará conectar el servicio eléctrico o de gas. Si el agua y drenaje no están instalados, ¿estará disponible o será usted responsable de obtenerlo? ¿Cuánto costará instalar un pozo o fosa séptica? ¿Tendrá usted que pagar análisis de suelo, análisis de agua o una encuesta?

Usted también necesitará saber la zona de su terreno. ¿Puede ser usada para propiedad residencial? ¿Le está permitido tener un negocio en ésa zona? ¿Está ubicado el terreno en alguna subdivisión?

¿Está abierta, cerrada o semiabierta la subdivisión? Una subdivisión abierta significa que usted puede usar cualquier constructor que usted quiera para construir su casa. Una subdivisión cerrada significa que solamente el constructor que está desarrollando esa subdivisión puede construir casas ahí, y semiabierta significa que usted puede usar al constructor de la urbanización o a cualquier otro constructor que haya sido aprobado por la subdivisión.

¿Cuál es el formato o plan del lote? El plan afectará el tipo de casa que pueda tener, el plano que pueda usar, y el tamaño de la casa terminada. ¿En cuál dirección estará orientada su casa? ¿Podrá poner su casa de manera que pueda aprovechar un buen panorama? ¿Está inclinado el lote? ¿Está sobre piedra? ¿Podrá hacer el constructor un sótano, si usted quiere? ¿Qué tipos de planos se pueden usar para ese tipo y perfil de lote?

¿Hay muchos convenios que gobiernan su propiedad? Los convenios son reglas establecidas ya sea por el constructor, el urbanista, la asociación de propietarios de casa o dueño, y están registrados en el condado. Estas reglas gobiernan el uso y desarrollo de una propiedad. Pueden dictar el tamaño mínimo o máximo de la casa, el tipo de entrada a la cochera, la apariencia del exterior de la casa, qué tipo de cercas se permite, y hasta qué tipo de mascotas y cuántas puede tener, solo por nombrar algunas.

Estos son los factores que usted querrá considerar cuando elija un lote. Puede ser difícil visualizar qué forma tomará su casa. Todas las decisiones que usted tendrá que hacer cuando construya una casa nueva, ya fueron tomadas en una casa existente.

◆ **Decisiones que Tomar** — Cuando construya una casa nueva, le pedirán que tome muchas decisiones en cuanto a los materiales, diseño, y colores usados en la casa. Usted tiene que elegir la alfombra, pintura, gabinetes, cubiertas, paredes, tejas, y muchos elementos más que son parte de su casa. Si tiene una pareja, ambos tienen que estar de acuerdo en las elecciones. No todos somos buenos para combinar colores o para decoración de interiores, así es que puede ser muy difícil decidir lo que nos gusta y lo que se verá bien. ¿Tiene usted tiempo para buscar en las tiendas, comparar, y tomar decisiones en un tiempo razonable? Si no ha hecho sus elecciones para cuando el Constructor esté listo para ellas, puede causar un retraso que afectará la fecha en la que terminarían. ¿Está usted accesible? ¿Podrá comunicarse con usted el constructor inmediatamente si tiene alguna pregunta que necesite respuesta para que el trabajo pueda continuar?

◆ **Control Financiero** — En la mayoría de los proyectos de construcción nueva hay un presupuesto para completar el proyecto. Usted y el constructor deben haber llegado a un acuerdo sobre el precio de compra de la casa basado en materiales de construcción específicos, planos, y especificaciones. El constructor debe haber indicado la cantidad de dinero permitida dentro del presupuesto, para esos materiales fijos. Cuando haga sus elecciones, usted necesitará ajustarse a la cantidad destinada, a menos que pueda calificar para una cantidad de préstamos más elevada para cubrir cualquier aumento o que usted tenga el dinero para pagar la diferencia. El deseo de tener todo lo que queremos en la casa, en éste instante, puede hacer muy difícil quedarse dentro del presupuesto en un proyecto de construcción nueva. Es posible que no pueda comprar las cubiertas de granito, los pisos de madera, o los electrodomésticos de más alta calidad que a usted le gustaría tener. Puede que tenga que comprometerse ahora y mejorar algún día en el futuro. También hay el riesgo de pasarse del costo debido a complicaciones inesperadas. ¿Pagará el Contratista por el costo adicional o será usted responsable por él? ¿Cómo los pagará usted? ¡No asuma que el Constructor será el responsable! Haga preguntas y acuerdos por escrito.

Es importante recordar que cualquier cambio que haga a los planes de construcción después de que la construcción haya comenzado probablemente le costará dinero.

◆ **El Factor de Tiempo** — La construcción de casas nuevas puede tomar de 3 meses a un año, dependiendo del clima, el horario del constructor, la disponibilidad de materiales, los permisos de la ciudad, la instalación de servicios, en adición a muchos otros factores. La mayoría de las veces los proyectos van de acuerdo a la agenda pero **usted siempre debe estar preparado por si se tarda más.** Hay tanta gente y variables involucrados en construir una casa nueva que tan sólo un retraso puede retrazarlo varias semanas. Si su casa tarda una semana, o hasta dos meses más en estar terminada que la fecha original prometida, ¿le ocasionaría a usted un problema? Si ya le ha avisado a su rentero que en 30 días termina su contrato, y él ya tiene otro inquilino listo para cambiarse, ¿qué haría? ¿Podría pagar el irse a un hotel, o se puede quedar con familiares? Necesita planear y prepararse con tiempo para el caso de retrasos posibles.

◆ **El Factor del Estrés** — El construir una casa puede ser muy estresante, tanto como un divorcio o la muerte de un familiar. ¿Por qué es tan estresante? Usted está obteniendo una casa nueva del estilo que a usted le gusta, con la alfombra, pintura, gabinetes, cubiertas, paredes y tejas que usted eligió. ¿Qué podría ser estresante al respecto? El hecho es, que usted se está comprometiendo a comprar una casa que no ha visto y que ni siquiera ha sido empezada. Puede que no haya casas ya construidas que se vean como la que usted quiere y puede ser difícil visualizar cómo se verá la casa basándose en los planos y dibujos artísticos. Luego hay todas esas decisiones. ¿Se siente usted cómodo tomando decisiones? ¿Pueden usted y su pareja platicar y llegar a un acuerdo en cuanto al estilo, el color y las cuestiones de estilos de vida? ¿Es usted una persona paciente? Puede que pasen semanas sin un progreso visible en su casa. ¿Le molestaría? ¿Es usted un perfeccionista? ¿Sentiría usted mucho estrés por un detalle mínimo? ¿Se siente a gusto hablando si tiene una pregunta, no le gusta algo o si hay algún desacuerdo?

◆ **Poder de Compra** — Debe hacer algunas comparaciones y saber lo que obtendrá con su dinero. Debe ver construcciones nuevas y casa existentes, y comparar a varios Constructores para que vea qué puede obtener por el mismo precio. ¿Está obteniendo buena calidad por el costo? ¿Podría obtener más pies cuadrados acabados en una casa ya existente? Puede que sólo pueda pagar la construcción de una casa nueva de dos recámaras, un baño terminado y un sótano no acabado. Es posible que el sótano tenga espacio para que usted agregue dos recamaras más y otro baño algún día. Por el mismo precio, es posible que pueda comprar una casa ya existente con el sótano ya terminado. Necesitará preguntarse a sí mismo algunas preguntas y ser realista en las respuestas. ¿Estará en posición de terminar el sótano usted mismo o contratar a alguien más que lo haga? ¿Podrá tener el tiempo, los materiales y la mano de obra y los costos involucrados si usted va a hacer el trabajo por si mismo? ¿Necesita esos cuartos ahora? Comparando lo que actualmente hay en el mercado con lo que pueda comprar en construcción nueva, usted tendrá una mejor idea de qué opción se adapta mejor a sus necesidades y presupuesto.

Aún después de considerar todos éstos factores, *usted tendrá que tomar más decisiones* **cuando construya una casa nueva**.

◆ **¿Hacerlo usted Mismo o Contratar a un Contratista?** Los proyectos de construcción de casa generalmente tienen un contratista general que se encarga de coordinar todos los aspectos de la construcción de la casa. ¿Va a tratar de coordinar usted la construcción de la casa o va a contratar a alguien más para que lo haga? El construir una casa es un proyecto muy complejo que lleva tiempo, y requiere supervisión constante y planeación detallada. ¿Cuánto espera ahorrar? Si usted no tiene conocimientos ni experiencia en la construcción de casas, debería contratar a un profesional. Los errores o retrasos terminarán costándole dinero, y muchos Prestamistas no le harán préstamos para proyectos construidos por el dueño hasta que esté terminado en un 100%.

◆ **El Elegir a un Constructor o Contratista** — Pida referencias de los contratistas prospectivos y llámeles. También puede hablar con los dueños de las casas en las subdivisiones donde el contratista ha trabajado. Debe preguntar si estuvieron contentos con la calidad de la casa, si respondió a llamadas de servicio en un tiempo razonable después del cierre de contrato, y si lo contratarían otra vez si construyeran otra casa.

◆ **Ubicación, Ubicación, Ubicación** — Sepa lo que su ubicación provee y lo que no. ¿Es la ubicación conveniente para el trabajo, ir de compras, facilidades médicas, escuelas, y protección de bomberos y policía? ¿Hay facilidades disponibles en su región que son importantes para usted? ¿Hay servicios de transporte disponibles? ¿Hay estacionamiento apropiado para todos sus vehículos en su propiedad o cerca de ella? ¿Tendrá agua y drenaje por parte de la ciudad o comunidad o necesitará un pozo y fosa séptica? ¿Existen reglas específicas o regulaciones que gobiernen el uso de su propiedad? Si así es ¿cuáles son? ¿Cuáles son los planos para las demás propiedades que rodean su lote? ¿Está en una calle pública o privada? ¿Quién se encarga del mantenimiento de la calle cuando nieva o se hagan baches?

◆ **El Eligiendo los Planos de la casa** — ¿Sabe qué estilo de casa quiere? ¿Quiere un vestíbulo, una casa de dos pisos, o una casa estilo rancho? ¿Qué tipo de cimientos tendrá — bloque, cemento vaciado o madera? Cada tipo de cimiento tiene sus pros y contras, dependiendo de dónde viva y las condiciones de su región. Usted necesitará decidirse por un plano que funcione para el tamaño de su lote y la topografía. Puede ser especialmente difícil elegir un plano sin verlo de hecho en una casa ya existente. Muchos se ven bien en el papel, pero puede que la distribución de cuartos no le vaya bien a su familia. También, muchos planos que usted ve en revistas pueden ser caros de construir.

Asegúrese de saber exactamente qué opciones estándar están incluidas en el precio base. Esté conciente de que las casas de muestra que está viendo puede que no sean el "modelo base," sino que de hecho incluyen muchas mejoras, las cuales cuestan más. Pregunte si puede ver alguna casa que esté casi terminada.

Pregunte cuánto dinero está destinado para la alfombra, las lámparas, los gabinetes, y cubiertas de la cocina y los baños. Revise el precio usted mismo antes de firmar el contrato. Es posible que las cantidades que el Constructor designa no cubran el costo de todas las cosas que se necesitan para su casa, aún a la calidad o costo más económico. A menudo, el Constructor mantiene las cantidades designadas para la construcción, bajas para ser competitivo, pero dichas cantidades no son realistas para comprar aún las cosas más esenciales.

Sepa lo que está viendo y cual es su costo real. Discuta todos los cambios y costo que quiere hacer al plano básico, con su constructor. Ponga por escrito cualquier cambio que haga; ambos usted y el Constructor deben firmarlos para evitar malentendidos.

◆ **"Valor Líquido de Sudor"** — El Valor Líquido de Sudor es cuando usted, el dueño de casa, hace parte del trabajo de construcción por si mismo, ahorrando así algo del costo de mano de obra. El dinero que ahorra en mano de obra, es valor líquido que usted gana con su propio sudor. Si usted tiene la capacidad, algunos préstamos le permitirán hacer algo de valor líquido de sudor en su casa. Usted debe preguntarle a su Prestamista si Valor Líquido de Sudor es permitido y qué trabajo puede hacer. Pintar, aislar, y poner pasto son permitidos, pero deben ser terminados antes del cierre de contrato. ¿Tiene el tiempo y energía para hacerlo cuando el constructor lo necesite? La tabla-roca no se puede instalar hasta que el aislamiento haya sido instalado. Los adornos y el solado no se pueden instalar hasta que la pintura esté terminada. Usted no tendrá el lujo de posponerlo unos días si no tiene ganas de aislar ni pintar ese día. Si causa aunque sea un día de retraso, podrá interrumpir la fecha de cierre del contrato.

Una vez que ha decidido construir y ha llegado a un acuerdo con un Constructor o Contratista sobre el tipo de casa, sus amenidades y el costo, usted está listo para buscar financiamiento para el proyecto.

Si usted ha sido aprobado para crédito de cierta cantidad antes de haber ido de compras, todo lo que tiene que hacer ahora es establecer el financiamiento a largo plazo y el préstamo para la construcción, si lo necesita. La mayoría de los Prestamistas querrán que tenga su crédito aprobado para su financiamiento a largo plazo antes de que lo aprueben para un préstamo para construcción.

◆ **Las Opciones de Financiamiento** — Las opciones de financiamiento dependerán de las prácticas locales y pueden variar mucho de una región del país a otra, y hasta de ciudad a ciudad en la misma región. Hable con su Prestamista, Agente de Bienes Raíces y su Constructor para averiguar qué es lo típico en su región. Usted puede tener financiamiento para su construcción nueva de un par de formas distintas. Usted puede tener sólo un préstamo que cubrirá el costo de la construcción de la casa y después se convierta en el financiamiento permanente a largo plazo, o puede tener dos préstamos distintos: un préstamo de construcción para construir la casa, y un préstamo hipotecario que pagará el préstamo de construcción y será su financiamiento a largo plazo. Puede que sólo necesite un préstamo hipotecario si su constructor va a arreglar y va a hacerse responsable del préstamo de construcción. El préstamo de construcción es el préstamo a corto plazo usado para cubrir el costo de construir la casa, y puede o no incluir la compra del terreno o lote en el que va a construir. Los préstamos de construcción son usualmente para términos, o períodos de tiempo de menos de un año. Su préstamo hipotecario a largo plazo es usado para pagar el préstamo de construcción, una vez que se complete la construcción de la casa. Usted debe preguntar quién es responsable por obtener el préstamo para construcción y qué costos están involucrados en el mismo. Usted debe también preguntar qué tasa de interés tendrá y si necesita hacer pagos al mismo durante el período de construcción. Si usted es responsable de obtener el préstamo de construcción, usted debe buscar los mejores términos, tal como lo ha hecho para su préstamo hipotecario. Puede que haya otras opciones disponibles para usted en su región, por eso asegúrese de preguntarle a su Prestamista, al Agente de Bienes Raíces, al Constructor y a la Autoridad de Vivienda Local sobre cualquier programa especial para el que pueda calificar.

◆ **La Plica o El Depósito de Construcción** — Si usted tiene un préstamo para construcción, puede que haya una cuenta especial de depósito establecida para hacer los pagos asociados con el préstamo para la construcción. Usualmente hay varios retiros o adelantos de dinero en un préstamo para construcción, durante el curso de la construcción de la casa. Los adelantos se usan para pagar los materiales y la mano de obra a medida que se necesiten. El primer retiro usualmente se usa para saldar el lote o terreno si todavía no lo posee, y el costo de las excavaciones y la construcción de los cimientos. El segundo retiro generalmente cubre el costo de la estructura y las paredes exteriores de la casa. El tercer retiro cubrirá el costo de construir el interior. El cuarto retiro cubriría los acabados, alfombras, gabinetes, electrodomésticos, si aplican, etc. El número de retiros permitidos varía de un Prestamista a otro, así es que usted debe preguntarle a su Prestamista cómo funciona su programa. Normalmente, el responsable por el préstamo para construcción, hará pagos mensuales de interés sobre el saldo actual. Una vez que la casa esté terminada, el préstamo hipotecario de largo plazo pagará el saldo que se debe en el préstamo de construcción y Acuerdo de Compraventa. Es importante que sepa quién es responsable de hacer los pagos del préstamo de construcción durante el período de construcción, donde estará la cuenta de depósito, cuántos retiros se pueden hacer de la cuenta, quién esta autorizado para hacer retiros, de quién se necesita autorización antes de que se hagan los retiros, y qué documentos se deben entregar. Si usted está sacando el préstamo para la construcción, no autorice pagos para trabajos no satisfactorios ni incompletos.

◆ **Los Requisitos de Programas Especiales** — Algunos programas de préstamos tienen requisitos especiales que tengan que ser cumplidos. **Por ejemplo,** Los préstamos para construcciones nuevas de la Autoridad Federal de Vivienda (FHA) y Administración de Veteranos (VA) deben cumplir los criterios de construcción respectivos, y los planos y especificaciones deben ser entregados para ser aprobados. Su Prestamista debe explicarle cualquier requisito especial y la documentación que se necesita para el programa de préstamo que esté usando.

◆ **Los Programas de Garantía** — Puede que haya programas de garantías ofrecidos en su casa de construcción nueva para los sistemas mecánicos, tuberías, electricidad, cimientos, electrodomésticos, etc. Usted debería preguntar qué es lo que cubre la garantía, cuánto tiempo lo cubre, el nombre de la compañía o persona responsable de hacer reparaciones o reemplazos si hay un problema, y cómo enviar una reclamación o petición. Usted debe recibir copias de todas sus garantías en el momento del cierre de la transacción. Usted debe preguntar a cerca de las garantías del Constructor y Contratista antes de hacer una oferta sobre la casa. ¡Sepa lo que recibirá, y asegúrese de que se lo den por escrito! Mantenga todos los papeles en una caja fuerte en un lugar accesible, en caso de que necesite hacer alguna reclamación.

◆ **El Inspector de Casas** — Mucha gente asume que ya que están construyendo una casa nueva, no necesitan contratar un Inspector de Casas. Después de todo, no hay casa todavía para ser inspeccionada, y puede que usted asuma que la ciudad o el condado tiene que hacer inspecciones de códigos a medida que la casa está siendo construida. ¿Por qué necesitaría usted su propio inspector? Bueno, ¿que tal si su región tiene requisitos de códigos limitados o no tiene ninguno? ¿Qué pasa si su constructor toma atajos o sustituye materiales inferiores en áreas no visibles? ¿Qué pasa si los inspectores en realidad no ven el trabajo, sino que toman la palabra del Constructor en cuanto al trabajo ya hecho? ¿Podría usted distinguir si algo no se hizo correctamente? Un Inspector de Casas es contratado a menudo para revisar la calidad de la construcción varias veces durante la construcción; el sirve de una segunda opinión, protegiendo así sus intereses.

La importancia de una inspección de casa es evidente en la historia de un propietario de casa quien contrató a un Constructor para hacer una casa de $250,000 fuera de los límites de la ciudad. El propietario no corroboró la reputación del primer Constructor y asumió que habría algún tipo de inspecciones de gobierno hechas durante el proceso de construcción. El no sabía que no había códigos de construcción o inspecciones requeridas por ése condado fuera de los límites de la ciudad. A seis meses de haberse cambiado a la casa, había problemas mayores estructurales y de los sistemas de la casa. Desafortunadamente, el Constructor no respondió a las llamadas del propietario de la casa para reparaciones. Finalmente, el dueño de la casa contrató a un ingeniero de estructuras para hacer una inspección de la casa para documentar e identificar los problemas. ¡El inspector encontró más de 250 violaciones de códigos y prácticas de construcción! Sin embargo, ya que la casa no estaba en la ciudad, los códigos no aplicaban y el dueño de la casa no encontró un remedio real. Si hubiera contratado a un Inspector de Casas para controlar el proceso de construcción, se hubiera evitado muchos problemas.

◆ **Las Inspecciones de Construcción y Los Certificados de Ocupación** — La mayoría de los estados requieren que se hagan inspecciones finales y/o un certificado de ocupación en una casa de construcción cuando se termina la construcción para certificar que cumple con los códigos de construcción requeridos si aplican. Su Prestamista puede requerir también que le dé una copia de los mismos antes de cerrar su préstamo. Pregúntele a su Prestamista local o al Departamento de Construcción de la Cuidad sobre los requisitos nuevos de construcción para su propiedad.

El construir una casa nueva con todo lo que usted quiera en ella, puede ser una buena experiencia pero debe tener cuidado de mantenerse dentro de su presupuesto. Si está comprando una casa por la cantidad máxima de préstamo para la que califica, puede que tenga que tener dinero adicional para el cierre de contrato para cualquier cambio que usted haga. Si su programa de préstamo tiene un límite de precio máximo de compra, y su casa está ya en ese límite, es probable que no pueda hacer ningún cambio, *aunque tenga el dinero en efectivo para hacerlos*, y use todavía ése producto de préstamo. Puede que tenga que cambiar a otro tipo de préstamo basado en una tasa de interés más alta o uno que tenga fondos de asistencia. **Asegúrese de entender su préstamo y límites financieros y qué tipo de cambios son permitidos para su programa de préstamo.**

Antes de hacer algún cambio, discútalo con su Prestamista para asegurarse de que no arriesgará su préstamo y que podrá pagarlo.

Haciendo Una Oferta Para Comprar Una Casa

Una vez que ha encontrado la casa que desea comprar, ya sea una casa ya existente o una construcción nueva, usted necesitará escribir una oferta de compra legal. Hay muchas cosas que, *al mínimo*, deben estar incluidas en su oferta para que sea legal. Su Agente de Bienes Raíces o Abogado puede sugerir la adición de otras cosas en su oferta para reflejar sus deseos o para protegerlo. ¡No hay dos compras que sean iguales! Por lo tanto, no hay dos acuerdos de compraventa exactamente iguales. Usted necesita considerar muchas variables cuando hace una oferta. Usted debe buscar ayuda profesional para escribir un acuerdo de compraventa.

A) El Escribir el Contrato de Compraventa

Como mínimo, los siguientes temas deben ser incluidos:

• **El Precio de Compra** — Usted debe decidir el precio que está dispuesto a pagar.

• **El Dinero de Fianza** — La mayoría de los Vendedores querrán un depósito llamado "Dinero de Fianza" al momento en que envíe su oferta. Típicamente, el Agente del Vendedor o la Compañía de Plica, retiene éste dinero hasta que se cierre la transacción. En el momento de cierre, el Dinero de Fianza se aplica a su enganche o al costo de cierre de contrato, como sea apropiado en las prácticas de cierre de contrato de su región. Si usted está comprando directamente del propietario (FSVO), el Vendedor puede retener el dinero de fianza directamente. EL depósito es para mostrar al Vendedor que usted es serio en su deseo de comprar la propiedad y que sinceramente buscará financiamiento para completar ésta transacción. Si cambiara de opinión y no hiciera la compra después de que el Vendedor haya aceptado su oferta, el Vendedor puede tener derecho a quedarse con su depósito. Si el Vendedor no acepta su oferta, propone una contraoferta o no puede completar la venta, entonces el dinero de fianza le debe ser devuelto a usted.

• **La Descripción Legal de la Propiedad** — Su oferta de compra debe contener la descripción legal completa de la propiedad, no sólo la dirección.

• **El Enganche** — Su oferta debe mostrar cuánto dará de enganche, el saldo restante y la manera en que saldo será financiado. Usted deberá especificar qué tipo de préstamo planea usar. Esto es importante porque algunos préstamos requieren que el Vendedor pague ciertas cuotas, y el Vendedor debe saberlo en el momento que usted haga la oferta.

• **La Tasa de Interés** — Su oferta debe mostrar la tasa de interés máxima que está dispuesto a pagar.

• **Los Impuestos** — Usted debe mencionar cómo se manejarán los impuestos de la propiedad y quién es responsable de los mismos.

• **La Fecha de Cierre** — Usted debe declarar que día desea que se cierre el contrato y qué día desea tomar posesión. Elija una fecha prudente para *usted*. Considere la fecha de notificación que le tendrá que dar a su arrendatario y el tiempo que le tomará empacar y cambiarse.

- **La Fecha de Expiración de la Oferta** — Usted debe declarar por cuánto tiempo es válida su oferta.

- **El Título de propiedad Libre** — Su oferta debe decir que usted debe recibir título libre de la propiedad.

- **La Inspección de la Casa** — Si elige hacer una inspección de la casa, usted debe incluirla en su Acuerdo de Compraventa como contingencia. Usted debe aclarar en cuanto tiempo se realizará y cuánto tiempo tendrá el Vendedor para responder sobre cualquier problema identificado en la inspección.

- **Las Contingencias** — Usted debe declarar cualquier contingencia que incluya en su oferta. Una contingencia es una condición que usted pone en su oferta que le permite salirse de la transacción si las condiciones no se cumplen. Por ejemplo, su oferta debe tener como contingencia que la propiedad sea valuada por lo menos al precio de compra. Otros ejemplos de contingencia serían: una inspección aceptable de la casa, aprobación de financiamiento a una tasa de interés inaceptable, reparaciones, aprobación de un permiso de construcción, examen séptico, examen de poso, examen de radón, inspección de termitas, exámenes de asbesto, examen de pintura de plomo, la venta de su casa actual, etc.

- **La Propiedad Personal** — Usted debe apartar las propiedades personales, tales como electrodomésticos, cortinas, u otras cosas que usted quiera que dejen en la casa como parte de la oferta. Usted debe solicitar que las propiedades personales sean transferidas a usted en un recibo de venta separado, ya que la mayoría de los préstamos no permiten que se incluya financiamiento de propiedades personales.

- **Las Reparaciones** — Si hay reparaciones que quiera que se hagan antes del cierre de contrato, usted debe apartarlas en su Acuerdo de Compraventa. Usted también debe decir cómo quiere que sean hechas. **Por ejemplo**, si el techo tiene que ser reemplazado, qué color o tipo de teja quiere.

Si hay algo que sea importante para usted, con respecto a la compra, las cosas que deben incluirse en la venta, las condiciones de la casa o propiedad, las reparaciones o el trabajo que quiere que se haga antes del cierre de contrato, o condiciones de su compra, _usted debe ponerlo por escrito_. ¡No asuma nada! Los acuerdos con respecto a asuntos de Bienes Raíces que _no_ se hagan por escrito a menudo _no_ se pueden ejecutar.

B) El Presentar la Oferta

Una vez que tenga su Contrato de Compraventa por escrito, usted o su agente necesitará presentarlo al Vendedor o Agente del Vendedor. El Vendedor revisará el contrato y puede hacer una de tres cosas:

1. El Vendedor **puede aceptar la oferta** sin cambios. Si el vendedor acepta la oferta, entonces se continúa al siguiente paso de alistar su préstamo para que cierre. Usted llevará su Contrato de Compraventa aceptado a su Prestamista y el Prestamista ordenará el resto de las cosas que necesitan para aprobar completamente su préstamo.

2. El Vendedor **puede proponer una contraoferta**. Esto significa que el Vendedor no está de acuerdo con algo en su oferta y le hará una contraoferta. Si el Vendedor le hace una contraoferta, usted entonces tendrá las mismas tres opciones que el vendedor tuvo — aceptar la oferta, hacer una contraoferta, o rechazar la oferta. Usted puede ir de un lado a otro hasta que ambos lleguen a un acuerdo o hasta que uno de ustedes decida retirarse de la transacción.

3. El Vendedor **puede rechazar su oferta** — Si el Vendedor rechaza su oferta, la transacción está muerta y tendrá que empezar a buscar otra casa. Usted puede cambiar su oferta y enviarla de nuevo con un precio o términos distintos.

C) La Aceptación de la Oferta

Una vez que una oferta haya sido aceptada y la aceptación ha sido comunicada a la otra parte involucrada, *usted tiene un contrato legal de compraventa.*

Si el Vendedor o el Comprador no cumple las condiciones del contrato, la otra parte puede demandar por "desempeño específico." La parte que no cumpla puede ser responsable por el costo de la casa, las cuotas legales, y otros daños que ocurran. Una vez que la oferta haya sido aceptada, no puede cambiar ninguno de los términos de la oferta sin la aprobación de la otra parte involucrada. Si usted determina una fecha límite para hacer la inspección de la casa, y no cumple con ésa fecha, el Vendedor no tiene obligación de darle ninguna extensión.

Usted necesita establecer tiempos **realistas** en su oferta para la aprobación de su préstamo, las fechas de cierre de contrato e inspecciones. No deje que otra gente lo presione para establecer períodos más cortos o largos con los que no se sienta a gusto. Mantenga la complejidad de su préstamo o situación personal, temporada del año y cargas de trabajo de la industria en cuenta cuando establezca los períodos de tiempo. El tratar de apurar una fecha de cierre de contrato crea estrés y posibilidades de errores para todas las partes implicadas.

El Comprar una casa es una experiencia extremadamente emocional. No tiene porque ser así.

El comprar una casa es como el comprar un carro, sólo que la compra de una casa es más cara. Usted puede estar contento en muchas casas distintas. Si una no funciona para usted, hay otras. La propiedad y los términos financieros tienen que ser correctos para usted en ese momento en particular y si no lo son, siga buscando la propiedad y transacción que le convenga a usted.

De hecho la mayoría de la gente, no puede comprar la casa de sus sueños la primera vez, o hasta la tercera vez que compre. Lo más importante es "poner su pie en la puerta del propietario de la casa" para que pueda comenzar a ganar valor líquido para usted mismo, en vez de pagar una unidad de renta a su arrendatario. Usted puede entonces tomar el valor líquido que ha ganado y usarlo como enganche en su próxima casa, para subirlo al siguiente nivel si eso es lo que usted quiere.

LECCIÓN 6

FINALIZANDO SU PRESTAMO

Ahora que usted ha aceptado el Contrato de Compraventa, hay algunas inspecciones adicionales, certificaciones, documentos y aprobaciones necesarias para que pueda llevarse a cabo la aprobación final del préstamo. Mientras más pronto se reciban éstos artículos, más pronto podrá cerrar su préstamo y cambiarse a su casa nueva. Lo primero que tiene que hacer es fijar las fechas para las inspecciones de su casa, si es que va a tener alguna, ya que usualmente hay un límite de tiempo descrito en el contrato para realizarlas.

La Inspección de la Casa

Es bastante recomendable que se lleve a cabo una inspección de la casa que desea comprar. ¿Cómo elegir a un Inspector de Casas? Debe pedir recomendaciones a su Agente de Bienes Raíces, a su Prestamista, a amigos, o a compañeros de trabajo, o consultar a asociaciones nacionales para obtener una lista de inspectores en su región. Una vez que tenga algunos nombres, deberá llamarlos y entrevistarlos. Debe hacer algunas preguntas cuando escoja a un inspector. ¿Durante cuánto tiempo ha sido inspector dicha persona? ¿Tiene experiencia previa en la construcción de casas? ¿Qué capacidades tiene? ¿Qué servicios provee, y qué clase de reporte espera recibir? ¿Qué afiliaciones profesionales y certificaciones tiene? ¿Qué clase de equipo usa? ¿Ofrece algún tipo de garantía? ¿Cuáles son los cargos relevantes? ¿Cuánto cobra?

Algunas afiliaciones y certificaciones profesionales que se recomiendan son la de la Asociación Nacional de Inspectores de Casas (NAHI), la Agencia de Protección del Ambiente (EPA), la Asociación Americana de Científicos y Técnicos de Radón (AARST) y la de la Conferencia Internacional de Oficiales de Construcción (ICBO). En éste momento, no hay requisitos de certificaciones o licencias obligatorias en la mayoría de los estados para los Inspectores de Casas. Cualquiera puede serlo, así es que es importante que elija un inspector con experiencia y con conocimiento del negocio de la construcción.

Aunque el precio siempre es una preocupación para el consumidor, debe tener en cuenta que puede que la calidad del trabajo sea de acuerdo a lo que paga, y en éste caso, el Inspector de casas más barato a la larga puede costarle mucho más. Es preferible contratar a la persona más capacitada y experimentada que pueda conseguir.

Un Inspector de Casas recorrerá la casa **con usted** e identificará cualquier problema actual, problemas potenciales y futuros problemas de mantenimiento que usted tendrá que tomar en consideración por razones financieras o estructurales. Frecuentemente, los Compradores de casa están tan inmersos en los factores superficiales de una casa — las decoraciones bonitas, la cocina grande, las lindas vistas — que no ven las cuarteaduras debajo de las ventanas escondidas por la cortina, las manchas de agua en el techo, o el aislamiento insuficiente en el ático. Algunos de los problemas que se encuentran son menores pero otros pueden ser costosos de reparar. El momento para averiguar los problemas futuros es antes de que cierre la transacción, ¡no después!

El Prestamista no va a revisar la casa por usted. El Valuador sólo está ahí para determinar el valor de venta de la casa y que no haya problemas mayores de seguridad o en la estructura que puedan afectar el valor de la casa. Es posible que el valuador sólo esté de 15 a 20 minutos en la casa, principalmente tomando medidas y/o fotos. A el no le preocupa cuánto va a durar la calefacción, sólo que esté funcionando. Sólo un Inspector de Casas buscará e identificará problemas potenciales.

Una buena inspección de casa tomará de 1½ a 3 horas. El Inspector de Casas le señalará los problemas a medida que los encuentre, y luego le dará un informe completo por escrito. Le debe mostrara donde van los filtros de la calefacción, donde están las válvulas para apagarla, y darle instrucciones sobre cómo mantener la casa. También debe darle una idea aproximada de cuánto tiempo más espera que duren ciertos electrodomésticos y sistemas y un costo aproximado para reemplazarlos. Puede que identifique problemas potenciales y le sugiera exámenes adicionales para identificar radón o pintura a base de plomo, termitas, la calidad del agua o el funcionamiento del sistema séptico. Es posible que le aconseje contratar a un ingeniero estructural, un especialista en sistemas de calefacción, o un plomero para que realice una evaluación profesional. Está información puede afectar su decisión de la compra de la propiedad. Un techo que necesite reparación puede costar de $1,500 a $15,000 dependiendo del tipo de techo, el tipo de daño y cuántas capas de tejas es necesario remover, y qué tipo de teja usará. ¿Sabe usted lo suficiente acerca de techos para reconocer las diferencias? ¿Todavía quiere la casa si le va a costar $15,000 para reparar el techo?

Desafortunadamente, es posible que el Inspector de Casas no pueda identificar todos los problemas en la casa que desea comprar.

Los Inspectores de Casas no pueden ver a través de las paredes o en las áreas donde no hay acceso, y los Vendedores no lo dejarán hacer agujeros en las paredes para revisar detrás de ellas. Puede haber problemas estructurales escondidos detrás de los paneles o tabla-roca que nadie puede ver. Usualmente el Inspector de Casas no puede ser responsable por defectos escondidos.

Una vez que se ha hecho la inspección, usted necesita dialogar con el Vendedor sobre cualquier problema que se haya encontrado en la inspección. Cuando lleguen a un acuerdo en cuanto a dichos problemas, necesitará avisarle al Prestamista que ESTÁ BIEN proceder con ésta propiedad.

Se tienen que hacer y verificar algunas cosas más antes de que el banco pueda darle la *completa* aprobación a su préstamo.

El Avalúo

El Prestamista usualmente ordenará el avalúo de su propiedad en cuanto las contingencias de las inspecciones y aprobaciones de crédito sean removidas de la oferta, o en cuanto el Comprador se lo pida. El avalúo se lleva a cabo para establecer el valor de la casa en el mercado y determinar si la casa cumple los "Estándares de la Industria;" sin embargo, el avalúo no es de ninguna manera una garantía si no garantiza la condición de la casa. Usualmente un Prestamista sólo estará dispuesto a prestarle el dinero basándose en la apreciación del valor de la casa, o en el precio de venta, cualquiera que sea el más bajo. El valor de la apreciación tiene que ser por lo menos lo mismo que el precio de compra, porque el Prestamista necesita saber que la propiedad se puede vender por lo menos al el precio de compra que usted pagó en caso de que usted no pague el préstamo. Si el avalúo de la propiedad resulta más bajo que el precio de venta, usted tendrá que pagar la diferencia entre el valor del avalúo y el precio de compra o renegociar su Contrato de Compraventa con el vendedor. Si el avalúo de la propiedad resulta más alto que el precio de compra, ¡eso usualmente es bueno! Significa que ya tiene un poco de Valor Líquido en la casa el día que toma posesión de ella.

El valor en el mercado usualmente se determina comparando su casa con por lo menos tres casas similares — usualmente dentro de un radio de 3 a 5 millas de la suya que hayan sido vendidas durante los últimos seis meses. Esto le muestra al Prestamista que hubo gente dispuesta a pagar la misma cantidad por casas similares.

El valuador identificará cualquier problema mayor en la estructura, de seguridad, o de sistemas que no funcionen que puedan

NOTES

afectar el uso de la casa. Puede que también identifique algunas preocupaciones en cuanto a pinturas a base de plomo, si la casa fue construida antes de 1978 y si la pintura se está descascarando. Puede que también se requieran otro tipo de inspecciones tales como de termitas.

El Valuador o el Prestamista puede requerir que cualquier problema identificado como problema estructural o de seguridad, sean reparados *antes* de que pueda cerrar el préstamo.

Cualquier problema tendría que ser negociado entre el Comprador y el Vendedor. Normalmente, el Vendedor es responsable por ésos problemas, a menos que esté vendiendo la casa "como está." Se espera que la casa sea segura y en buenas condiciones de funcionamiento al momento de cierre del contrato. Sin embargo, el Vendedor puede rehusarse a hacer las reparaciones, y si no se hacen las reparaciones, el prestamista negará el préstamo basado en un avalúo inaceptable. El Comprador puede decidir hacer las reparaciones para que la compra pueda proceder.

No es lo más conveniente que un Comprador haga reparaciones en una casa que aún no posee.

Pueden pasar muchas cosas que no permitan que el préstamo cierre y el Comprador puede perder su tiempo y su dinero y sin la posibilidad de recuperar sus gastos. **Por ejemplo**, El Vendedor puede decidir salirse de la transacción. El Prestamista puede negar el préstamo por alguna otra razón, puede que se encuentre algún problema con el título, o una de las personas involucradas en la transacción se puede morir antes del cierre y la habilidad de ejecutar la venta será suspendida hasta que se determine la herencia.

Puede que tenga que buscar otra casa si no se puede llegar a un acuerdo con el Vendedor.

La Certificación de Inundaciones

El Prestamista ordenará una **certificación de inundaciones** para ver si la casa está en una zona de inundaciones. La descripción legal será comparada con los mapas de la Agencia Federal de Manejo de Emergencias (FEMA) para ver si está ubicada en una zona designada de inundaciones. Si es así, tendrá que tener una Póliza de Seguro contra Inundaciones para la propiedad, ya que la Póliza de Seguro de la Propiedad normalmente no protege en contra de inundaciones y los seguros contra inundaciones pueden ser caros.

El Seguro del Título

El Prestamista ordenará la **búsqueda o el resumen del título** por parte de la Compañía de Títulos o de un abogado. Si usted tiene alguna compañía en particular que le gustaría usar, usted tendrá el derecho de elegir. Si usted no tiene ninguna preferencia en especial, entonces el Prestamista puede elegir una por usted. La Compañía de Títulos investigará la cadena de dueños de la propiedad para ver si la propiedad ha sido transferida apropiadamente de un dueño a otro desde su venta inicial hasta su transacción. Tener un **título limpio** significa que no hay gravámenes ni demandas sobre la propiedad que pudieran afectar su interés como dueño de la propiedad.

Le preguntarán cómo desea tener el título, o la propiedad de la casa. El título puede tenerse de varias formas, y cada una tiene distintas consecuencias legales que usted deberá tomar en consideración. Puede consultar con un abogado sobre lo que es mejor para usted y su situación.

◆ **La Propiedad Solo (Única/ Individual)** — Usted compra la casa solo y es dueño exclusivo de la propiedad.

◆ **La Tenencia en Común** — Usted puede tomar posesión conjunta sin derechos de supervivencia. Esto significa que si uno de ustedes muere, la porción de ésa persona pasará a sus herederos a través de la herencia, no al otro dueño.

◆ **La Tenencia por Completo** (No disponible en todos los estados) —Este tipo de tenencia está solamente disponible para un esposo o esposa y provee derechos de supervivencia. Si uno de los dueños muere, la propiedad es transferida directamente al otro dueño. Ambas partes deben estar de acuerdo antes de que la casa pueda ser vendida.

◆ **La Tenencia Conjunta** — Usted puede tener el título de la propiedad conjuntamente con uno o más dueños con derechos de supervivencia. Si alguno de ustedes muere, la porción de su posesión pasa directamente al otro(s) dueño(s), no a sus herederos.

El Plano del Terreno

Si se requiere un **plano del terreno,** usualmente es ordenado por el Prestamista, los Agentes de Bienes Raíces, o la Compañía de Cierre de Contratos. Un plano es un dibujo con medidas que muestra la propiedad que usted está comprando, cualquier mejora en la misma, tal como cochera, calzada para autos, cobertizo, cerca, etc., y acuerdos con compañías de utilidades u otras personas.

Los tres planos más comúnmente usados para préstamos hipotecarios son los de ubicación, planos de límites, o planos de elevación.

◆ **Un Plano de Ubicación** — Para un plano de ubicación, el Agrimensor sólo ubica una o dos esquinas de la propiedad y de la casa. El dibujo se basa en medidas de dichos puntos. El Agrimensor usualmente no garantizará que el dibujo sea 100% exacto; es una aproximación cercana y es generalmente el tipo de plano menos caro.

◆ **Un Plano de Límites** — Un plano de límites es en el que el Agrimensor ubicará todas las esquinas de la propiedad, de la casa y cualquier otra construcción o mejora. Este dibujo muestra las medidas exactas y la ubicación de todas las mejoras de la propiedad. Garantiza ser exacto y es más caro que un plano de ubicación. Si usted quiere construir una cerca, cochera, cobertizo o ampliar la casa, tendrá que mandar hacer un plano de límites antes de empezar a trabajar para asegurarse de que sabe exactamente dónde están sus límites.

◆ **El Plano de Elevación** — El plano de elevación es en el que se miden y se muestran en el dibujo, la altitud o puntos de elevación de todas las esquinas de la propiedad, de la casa y otras mejoras hechas a la propiedad. Los Planos de Elevación son importantes cuando va a hacer alguna construcción nueva o a determinar la elevación de la propiedad para propósitos de inundaciones. Este plano cuesta más que los dos anteriores, porque es aún más detallado, y requiere más trabajo y medidas.

La Aprobación Completa del Préstamo

Una vez que se han hecho todas las inspecciones, los avalúos, las certificaciones y las verificaciones de su información y de la propiedad, se hará la revisión final del financiamiento. Ocasionalmente un subscriptor puede pedirle más información o documentación antes de dar la aprobación. No es permitido que cierre un préstamo hasta que cumplan todos los requisitos de aprobación. Su préstamo le puede ser negado si dichos requisitos no pueden ser cumplidos, y probablemente la compra de la propiedad no podrá llevarse a cabo.

Asegúrese de obtener detalles específicos sobre cualquier condición que usted tenga que cumplir y qué documentación es aceptable.

LECCION 7

EL PRESTAMO FUE APROBADO – ¡CERREMOS EL CONTRATO!

Una vez que se ha hecho la revisión final del financiamiento, si todo está en orden, usted recibirá la aprobación total del préstamo y el OK para cerrar la transacción. Debe preguntar quién es responsable de programar el cierre de contrato con el Agente de Cierre. En algunas regiones del país es el Agente de Bienes Raíces, en otras, el Prestamista, y en algunas otras, puede ser usted.

El Cierre de Contrato

El cierre de contrato es cuando usted se sienta con la persona que está haciendo la función de Agente de Cierre, revisa sus documentos de cierre, los firma y paga el dinero que todavía deba. El Vendedor también tendrá que revisar, y firmar algunos documentos. Una vez que ambas partes han acordado que los términos de la transacción han sido cumplidos y que han revisado y firmado sus documentos, el Vendedor recibirá el cheque de sus ganancias y el Comprador recibirá las llaves de la casa. Cerrará la transacción, ¡y usted será propietario de una casa!

Qué Esperar Al Momento Del Cierre

Su Prestamista es responsable por darle los documentos de cierre del préstamo al Agente de Cierre. Su Prestamista también puede instruirle que lleve otra documentación adicional que sea necesaria para cumplir las condiciones de financiamiento, tales como el recibo del Seguro de la Propiedad que muestre la cobertura durante todo un año, el talón de cheque actual, la inspección y la certificación de pozos, el sistema séptico o del agua, comprobante de que se hicieron las reparaciones, etc. El Agente de Cierre puede ser un Abogado, una Compañía de Títulos, un Agente de Plica, o hasta el Prestamista. El prestamista instruirá al Agente de Cierre a cerca de cualquier condición que usted tenga que cumplir antes de que tome lugar el cierre de transacción. Quien cierre el contrato le pedirá cualquier documento que falte y no podrá proceder hasta que usted los provea. El Prestamista también enviará instrucciones con respecto a las cuotas y cargos que deben ser cobrados o acreditados debido al cierre de contrato. El Agente de Cierre le notificará al Prestamista sobre cualquier cuota adicional por los impuestos, el seguro, o sus cuotas de cierre.

INFORMACION Y DOCUMENTOS QUE NECESITO PARA MI CIERRE

Nombre del Oficial de Préstamos_____ Teléfono_____

Procesador /Nombre del Consejero_____ Teléfono_____

Nombre De Compañía de Cierre: _____ Teléfono _____

Dirección:_____

Fecha de Cierre:_____ Hora de Cierre:_____

Documentación que llevar al cierre de contrato:

☐ Cheque Certificado /Cheque de Cajero $_____ (Efectivo necesario al momento de cierre)

☐ Cheque de Fondos de Regalo (en caso de ser necesario) por $_____

☐ Póliza de Seguro y Recibo de Cobertura de 1 año

☐ Identificación, si es requerida
      ☐ Tarjeta de Seguro Social ☐ Licencia de Manejo ☐ Tarjeta Verde/VISA ☐ Otra

☐ Documentación Adicional (requeridos por su Oficial de Préstamos) _____

   ☐ Talones de Cheque(s) de Pago _____   ☐ Formularios W-2's _____

   ☐ Estados de Cuenta del Banco_____   ☐ Otros _____

   _____   _____

   _____   _____

Algunas veces se cometen errores en los documentos de cierre de contrato. Es recomendable llevar la siguiente documentación para comparar. El momento para cuestionar las diferenciases antes de firmar los papeles:

- **Hoja de Tasa de Interés Asegurada** – Revise para verificar que la tasa de interés y cualquier cuota sean correctas en sus documentos de cierre de contrato.
- **Estimación de Buena Fe** – Compare el precio de compra, la cantidad del préstamo y las cuotas en el Convenio HUD –1 para verificar que sean las mismas o aproximadas a las de la Estimación de Buena Fe del Prestamista. Cuestione cualquier cambio que usted no entienda o con el que no esté de acuerdo.
- **Declaración De La Verdad Al Prestar** – Revise su Declaración de la Verdad al Prestar (TIL por sus siglas en inglés) Para ver si las figuras son similares. Los números pueden ser diferentes si usted cambió la tasa de interés, los términos o el programa después de la fecha en que recibió su (TIL). Revise si hay alguna penalización por prepago de la que usted no estaba enterado.

Su Prestamista debe darle una *estimación* del costo por el cierre de la transacción y el balance que se debe si lo hay, *antes* de que vaya a la cita para cerrar. Esto es en adición a la Estimación de Buena Fe que le dieron cuando solicitó el préstamo. Esta estimación debe basarse en la cantidad real de su préstamo, la fecha de cierre, y el costo acordado por su Contrato de Compraventa. El Agente de Cierre revisará las cuotas *reales* con usted en el momento del cierre.

El Comprador y Vendedor se reúnen con el Agente de Cierre normalmente por separado para firmar los documentos respectivos. Algunas veces se habla de la información confidencial durante el cierre de la transacción que probablemente usted no quiera que el Vendedor escuche. El Agente de Bienes Raíces y/o el Oficial de Préstamos del Comprador pueden estar presentes si sus horarios se lo permiten y si usted desea que estén presentes. Esto le puede resultar de ayuda en caso de que surja cualquier problema en el momento del cierre. Puede que usted también quiera tener un abogado presente.

Es importante que cualquier pregunta o desacuerdo que tenga acerca de las cuotas sea mencionado y resuelto *antes* de que firme los documentos. No tenga miedo de hacer preguntas sobre cualquier cosa que no entienda o ni con que no esté de acuerdo. Si firma los documentos, usted está diciendo que en efecto, usted está de acuerdo con todos los términos y cargos. Usualmente es demasiado tarde para cambiar o corregir cualquier cosa una vez que el préstamo ha cerrado.

El Costo de Cierre

¿Qué costos están involucrados en la compra de una casa? ¿Cuánto debe esperar pagar? Las respuestas a estas preguntas dependerán del tipo de préstamo que obtenga, ya sea que pague todos los costos solo, o que obtenga asistencia monetaria del banco, de alguna agencia de vivienda, de algún familiar o que el Vendedor lo cubra.

Hay ciertas cuotas comunes en la mayoría de los préstamos. Cómo se pagan y quién las paga puede variar. Como regla general, la mayoría de los préstamos requieren un mínimo de 3% a 8% del precio de compra para cubrir el enganche, los costos de cierre, y prepagar los gastos de plica. La mayoría de los enganches son un mínimo de 0 a 5% del precio de compra, los costos de cierre y los gastos prepagados que son por lo menos un 3% más. Algunos productos de préstamo no requieren enganche ni requieren un enganche más bajo y financian sus costos de cierre. Sin embargo, ésos préstamos usualmente tienen una tasa de interés, y cuotas más altas.

CUALQUIER BANCO EN E.U.
Estimación de Buena Fe De Costo de Traspaso de Bienes

La información que a continuación se provee es una **ESTIMATCION** de los cobros en los que probablemente incurrirá en el arreglo de su préstamo. **Las cuotas que a continuación se enlistan son estimaciones** – los cobros reales pueden ser menos o más. **Es posible que su transacción no involucre una cuota por cada uno de los conceptos de la lista.**

Los números enlistados a un lado de la estimación generalmente corresponden al número de líneas en la Declaración de Acuerdo HUD –1 que usted recibirá en el momento del traspaso de bienes. La Declaración de Acuerdo de HUD- le mostrará el costo final por cada concepto que se pague en el acuerdo.

Solicitante(s)_____ Bernie & Bertha Buyer_____

Dirección de la Propiedad:_____

Tipo de Préstamo: ☐FHA ☐VA ☐Conv.	Término:30 Years	Principal e Interés Basado en 7.0 % a 30 años	$ 657.00
Precio de Venta/Valor en Apreciación	$ 100,000.00	Seguro Hipotecario	$ 41.00
Enganche – 3.0%	(-)$ 3,000.00	Seguro de Propietario..................................	$ 30.00
Cantidad de hipoteca Base	$ 97,000.00	Cuotas de Asociación..................................	$ 0.00
FHAMIP/VA Cuota de Financiamiento/ Seguro Hptc	$ 1,697.00	Impuestos de la Propiedad ($780 al año)	$ 65.00
Cantidad Total del Préstamo Hipotecario	$ 98,697.00	**Estimación Total de Pago Mensual Inicial**........	$ 793.00

■■

	Enganche	$ 3,000.00 (A)

Las cantidades marcadas son para ser pagadas fuera de cierre de contrato.

ESTIMACION DE COSTOS DE CIERRE:

801 Cuota de Originación del Préstamos 1.0 %	$ 986.97	1101 Acuerdo o Costo de Cierre de Contrato	$ 175.00
802 Puntos de Descuento .25 %	$ 242.50	1102 Investigación del Título	$
803 Cuota de Avalúo	$ 350.00	1103 Examen del Título	$ 100.00
804 Reporte de Crédito	$ 50.00	1104 Seguro de Escrituras	$
805 Cuota de Inspección del Prestamista	$	1105 Cuota de Preparación de Documentos	$
806 Cuota de Solicitud de Seguro de Hipoteca	$	1106 Cuotas de Notario	$
807 Cuota de Asunción de Hipoteca	$	1107 Cuotas de Abogado	$
808 Cuota de Inspección de la Casa **(POC)**	$ 300.00	1108 Seguro del Título	$ 300.00
809 Cuota de Procesamiento	$	1201 Cuotas de Registro	$ 80.00
810 Cuota de Servicio de Impuestos	$ 85.00	1202 Impuestos de la ciudad /del condado	$ 300.00
811 Certificación de Inundaciones	$ 19.50	1203 Impuesto de Registro de Hipoteca	$
812 Cuota de Compromiso	$ 375.00	1301 Planos	$ 175.00
813 Cuota de Aprobación	$	1302 Inspección de Plagas	$
814 Cuota de Preparación de Documentos	$	1303 Envío Prioritario de Paquete Hipotecario	$ 17.00
		Estimación total de COSTOS DE CIERRE	**$ 3,555.97 (B)**

Estimación de Gastos Prepagados /de Plica

901 **Intereses de** 05/16/02 a 06/01/02 = $18.79 diarios	$ 300.64
(16 días a 7% interés) **Interés Máximo debido a la fecha de cierre (30 días)** = $564. **Fecha límite para el primer pago** 07/01/02	
903 Póliza de Seguro de la Casa de 1 año	$ 360.00
1001 Seguro de la casa en cuenta de plica 3 meses = $30 al mes.	$ 90.00
1002 Seguro de hipoteca en plica de 1 mes. = $41 mensual.	$ 41.00
1004 Impuestos del condado por la propiedad. 5.5 meses $65 al mes.	$ 357.50

ESTIMACION TOTAL DE GASTOS PREPAGADOS Y DE PLICA	**$1,149.14 (C)**

ESTIMACION TOTAL DE GASTOS RELACIONADOS AL CIERRE DE CONTRATO (Total (A) + (B) + (C))	**$ 7,705.11 (D)**
Menos Dinero de Asistencia / Fondos / Dinero de Regalo	$ 3,500.00

IGUAL AL TOTAL *REQUERIDO POR PARTE DEL COMPRADOR* PARA CERRAR EL TRATO: **$4,205.11 (E)**

COSTOS DE TRANSACCION:		**CREDITOS DE TRANSACCION:**	
Precio de Compra	$100,000.00	Préstamo de Primera Hipoteca	$ 98,697.00
Costos de Cierre de Contrato	$ 3,555.97	Préstamo de Asistencia/Fondos	$ 3,500.00
Gastos Prepagados / de Plica	$ 1,149.14	Dinero del Depósito por Compromiso	$ 500.00
Póliza de Seguro Hipotecario	$ 1,697.00	Cuota de solicitud del Prestamista	$ 350.00
		Cuota de Inspección de la Casa	$ 300.00
		Póliza de seguro de la casa (POC)	$ 360.00
TOTAL DE COSTOS:	**$106,402.11 (F)**	**TOTAL DE CREDITOS**	**$103,707.00 (G)**

TOTAL DE COSTOS **(F)**	$106,402.11
(-)TOTAL DE CREDITOS **(G)**	$103,707.00

ESTIMACION DE EFECTIVO PARA CIERRE $ 2,695.11 (después de que los conceptos prepagados (POC) han sido acreditados)

Necesitará pagar algunas cuotas al contado aún que esté financiando los costos de cierre. El Vendedor esperará un **depósito de dinero en prenda** con su Contrato de Compraventa, o cuando él acepte el Contrato de Compraventa. Los Prestamistas generalmente cobran una **cuota de solicitud** en el momento de la solicitud del préstamo para cubrir los costos del reporte de crédito y avalúo. Estos son dos servicios que tienen que hacerse antes de que el Prestamista pueda tomar una decisión de crédito para su préstamo. Se le tiene que pagar a la Agencia de Reporte de Crédito y al Valuador por su trabajo, ya sea que usted lleve a cabo la transacción o no, así es que el prestamista recogerá el dinero de contado para cubrir estos gastos. Si se realizará una **Inspección de Casa**, usualmente usted le tendrá que pagar directamente al Inspector en el momento que haga la inspección. También le pedirán comprobante de **Seguro de la Propiedad** antes del cierre de la transacción, que puede ser un recibo. Necesitará pagar por adelantado el primer año de la póliza al Agente de Seguros. **Debe tener suficiente dinero para cubrir estos gastos usted mismo.** Dichos gastos serán mostrados como créditos en el Convenio y aparecerán como "Pagado Fuera del Cierre de Contrato" (POC). Si estos costos de cierre fueran financiados en el préstamo, la cantidad que usted pagó fuera del cierre, será acreditada a los cargos y cualquier pago excesivo le será reembolsado en el momento del cierre de transacción, si no excede la cantidad que usted de hecho pagó. El resto de sus costos de cierre de transacción se cubrirá en el momento del cierre.

Su Prestamista le proveerá una estimación por escrito que muestre cuánto necesita de enganche, costos de cierre, prepago o gastos de plica y para el producto de préstamo para el que califica, en el momento de la solicitud. A esto se le denomina *Estimación de Buena Fe.*

A continuación se enlistan las cuotas más comunes que se cobran en un préstamo. **No todas éstas cuotas aplican a todos los préstamos y puede haber otras adicionales que no sean mencionadas aquí.**

◆ **La Cuota de Originación del Préstamo** — Los Prestamistas generalmente cobran una cuota por originar o manejar el papeleo involucrado en su préstamo, la cual generalmente es un porcentaje de la cantidad del préstamo. La mayoría de los Prestamistas cobran por lo menos 1% de la cantidad del préstamo.

◆ **Los Puntos de Descuento del Préstamo** — Un punto se define como 1% de la cantidad del préstamo. Un punto de descuento es una cuota que el Prestamista cobre para ajustar la tasa de interés, o

NOTES

el rendimiento para el banco, a las tasas del mercado. El Comprador, el Vendedor, o el Prestamista podría pagar los puntos de descuento. Si un Comprador quiere tener un interés más bajo que la tasa actual en el mercado, el Prestamista le cobrará al Comprador una cuota, o un punto de descuento, para poder "comprar la tasa de interés más baja." **Por ejemplo**, en un préstamo de $100,000, la tasa de interés actual de 7% cuesta 1% ($1,000) de cuota de la originación y sin puntos de descuento ($0). Sin embargo, al Comprador le gustaría tener una tasa de interés de 6.75%. El costo puede ser 1% ($1,000) de la cuota de originación y 1.25% ($1,250) de los puntos de descuento. El Comprador le pagaría al banco $1,250 adicionales en el momento del cierre de la transacción por los puntos de descuento "para comprar el interés más bajo". Pagar puntos de descuento sólo es recomendable si planea vivir en la casa el tiempo suficiente para que le resulte en un ahorro de acuerdo a la cantidad que está gastando.

Ejemplo: Asuma usted un préstamo de $100,000 a 30 años. Después de 5 años de pagos (ver la tabla de amortización). Su ahorro por comprar la tasa de interés más bajo será:

Tasa Actual — 7%	Tasa de Descuento — 6.75%
Costo de la Tasa de Interés - $1,000	**Costo de la Tasa de Interés** - $2,250
Pago Mensual - $665	Pago Mensual - $649
Interés a lo largo de 30 años - $139,508	Interés a lo largo de 30 años - $133,495
Interés a lo largo de 5 años - $34,050 Interés a lo largo de 5 años - $32,792 $93,875	Balance del Principal después de 5 años $94,132 Balance del Principal después de 5 años
Costo de la tasa + costo del interés en 5 años = Costo total a lo largo de 5 años $1,000 + 34,050 = $35,050	**Costo de la tasa + costo del interés en 5 años= Costo total a lo largo de 5 años** $2,250 + 32,792 = $35,042

En éste caso, usted puede ver que no valió la pena pagar el punto de descuento adicional al momento del cierre para comprar la tasa de interés más baja, por la cantidad que se ahorró en un período de tiempo de 5 años. Al parecer, usted ahorraría $6,013 a lo largo de 30 los años del préstamo; sin embargo, le costó $1,250 adicionales al contado, así es que de hecho sólo ahorró $4,763. Usted sólo ahorrará los $4,763 si se queda en la casa los 30 años y nunca refinancia el préstamo.

◆ **El Avalúo** — El avalúo establece el valor de la casa en el mercado. El Prestamista cobra esta cuota al Comprador, ya sea cuando solicita el préstamo o cuando se ordena el avalúo. El costo puede variar de

Muestra del Calendario de Amortización

Préstamo $100,000
30 Años (360 Meses)
7% Porcentage de Rédito Anual
Tasa de Interés Fija

Pago #		Pago (PI)	Principal	Interes	Saldo del Prestamo
					$100,000.00
	1	$665.30	$81.97	$583.33	$99,918.03
	2	$665.30	$82.44	$582.86	$99,835.59
	3	$665.30	$82.93	$582.37	$99,752.66
	4	$665.30	$83.41	$581.89	$99,669.25
	5	$665.30	$83.90	$581.40	$99,585.35
	6	$665.30	$84.39	$580.91	$99,500.96
	7	$665.30	$84.88	$580.42	$99,416.08
	8	$665.30	$85.37	$579.93	$99,330.71
	9	$665.30	$85.87	$579.43	$99,244.84
	10	$665.30	$86.37	$578.93	$99,158.47
	11	$665.30	$86.88	$578.42	$99,071.59
(1 año)	12	$665.30	$87.38	$577.92	$98,984.21
	24	$665.30	$93.70	$571.60	$97,895.00
	36	$665.30	$100.47	$564.83	$96,727.06
	48	$665.30	$107.74	$557.56	$95,474.67
(5 años)	60	$665.30	$115.52	$549.78	$94,131.76
	72	$665.30	$123.88	$541.42	$92,691.76
	84	$665.30	$132.83	$532.47	$91,147.68
	96	$665.30	$142.43	$522.87	$89,491.95
	108	$665.30	$152.73	$512.57	$87,716.54
(10 años)	120	$665.30	$163.77	$501.53	$85,812.78
	132	$665.30	$175.61	$489.69	$83,771.39
	144	$665.30	$188.30	$477.00	$81,582.45
	156	$665.30	$201.92	$463.38	$79,235.26
	168	$665.30	$216.51	$448.79	$76,718.40
(15 años)	180	$665.30	$232.16	$433.14	$74,019.59
	192	$665.30	$248.95	$416.35	$71,125.69
	204	$665.30	$266.94	$398.36	$68,022.58
	216	$665.30	$286.24	$379.06	$64,695.16
	228	$665.30	$306.93	$358.37	$61,127.19
(20 años)	240	$665.30	$329.12	$336.18	$57,301.30
	252	$665.30	$352.91	$312.39	$53,198.84
	264	$665.30	$378.43	$286.87	$48,799.81
	276	$665.30	$405.78	$259.52	$44,082.79
	288	$665.30	$435.12	$230.18	$39,024.75
	300	$665.30	$466.57	$198.73	$33,601.05
	312	$665.30	$500.30	$165.00	$27,785.30
	324	$665.30	$536.47	$128.83	$21,549.11
	336	$665.30	$575.25	$90.05	$14,862.11
	348	$665.30	$616.83	$48.47	$7,691.72
(30 años)	360	$665.30	$664.40	$3.88	$0.00

Nota: Si usted paga $25 extra al mes en su principal con su pago mensual usted: acortará su préstamo por 3.25 años y ahorrará $18,213.45 en pago de intereses.

una ciudad a otra y de acuerdo al tipo de préstamo.

◆ **El Reporte de Crédito** — El reporte de crédito es un expediente de su historial de pagos a créditos, cuánto debe actualmente, cuales son su pago actuales, y quién ha indagado su historial crediticio. El costo variará dependiendo del tipo de reporte que se solicite, cuántas verificaciones se requieren y el estado civil de los solicitantes.

◆ **La Cuota de Servicio de Impuestos** — Esta es una cuota que se cobra por establecer una cuenta de plica o de depósito para pagar sus impuestos.

◆ **La Cuota de Compromiso** — Una cuota que se cobra para obtener el compromiso o acuerdo para hacer el préstamo.

◆ **La Cuota de Suscripción** — Una cuota que se cobra por garantizar o suscribir la decisión del préstamo.

◆ **La Cuota de Preparación de Documentos** — Una cuota por preparar los documentos de cierre de contrato.

◆ **La Cuota de Convenio o Cierre** — Una cuota que se paga al Agente de Agente de Convenio por conducir el cierre.

◆ **El Resumen o Búsqueda del Título** — Una cuota que cobra la Compañía de Títulos por investigar el título de la propiedad o actualizar el resumen del mismo.

◆ **El Examen del Título** — Una cuota por revisar el título.

◆ **La Cobertura del Prestamista de Seguro del Título** — Una póliza de seguro, que usualmente compra el Comprador, que protege al Prestamista contra cualquier problema que pueda surgir con el título de la propiedad.

◆ **Las Cuotas de Registro** — Estas son las cuotas que se cobran por el Registro de las Escrituras o por registrar cualquier documento relacionado con la venta de la propiedad, tales como el Préstamo Hipotecario, las Escrituras y la Asignación de Préstamo Hipotecario a una tercera parte si aplica.

◆ **El Impuesto estatal/Sellos** — Esta es la cuota de transferencia que cobra el estado en toda transferencia de propiedad.

◆ **Los Planos** — La Compañía de Títulos o el Prestamista puede solicitar un plano de ubicación, de límites o de elevación de la propiedad que muestre el terreno y cómo está situadas en la propiedad la casa y cualquier construcción exterior.

◆ **Las Cuotas de Inspección** — Puede que se requieran varias inspecciones en su propiedad: de plagas, plomo, radón, asbesto, calidad del agua, inspección de pozos o seguridad del sistema séptico, etc.   **NOTES**

Los Gastos Prepagados o Cuotas de Establecimiento de Plica

Su Prestamista puede cobrar las cuotas por sus **gastos prepagados** o **cuotas de establecimiento de cuenta de Plica**, si está en el proceso de plica. Cómo son establecidas las cuentas de plica o de depósito y las cuotas que pueden ser cobradas pueden variar de un estado a otro, de ciudad a ciudad y de un Prestamista otro. Son cuotas que se cobran por adelantado, para sus impuestos y cuenta de seguro de plica. Puede que también le cobren "Intereses de días nones" por su préstamo por el mes en el que cerrará el contrato.

Puede que los Prestamistas cobren algún dinero al contado para depositarlo en la cuenta de plica para asegurarse de que no faltará cuando lleguen los cobros. Puede haber faltantes por el retrazo de su primer pago. Si su préstamo cierra el 12 de julio, el primer pago a su préstamo será el primero de agosto. Usted vivirá en su casa del 12 de junio al 30 de julio, sin hacer ningún pago de casa. La mayoría de los Prestamistas necesitan por lo menos 30 días a partir del día en que cierra el préstamo para establecer una cuenta nueva en su sistema, y enviarle a usted por correo un libro de cupones de pago. Usted todavía debe el interés, los impuestos y el seguro por ese período de tiempo, aún cuando no se le hizo un cobro, así es que empezaría con faltantes si ese dinero no fuese cobrado en el momento del cierre de contrato para cubrir ése período de tiempo.

◆ **El Interés de Días Nones** — Este es el interés que se debe en su préstamo del día en el que cierra al primer día del siguiente mes. **Por ejemplo**: si su préstamo cierra el 12 de junio, usted debería intereses a partir del 12 de junio al primero de julio. Este interés debido sería del de los días "nones," o adicionales. La cantidad de "interés de los días impares" cobrada al cierre del préstamo sería menos al final del mes, cuando hay menos días antes del mes siguiente, y más hacia el principio del mes.

Algunos Prestamistas permitirán una **Acreditación de Intereses en el cierre de contrato**. Una acreditación de intereses en el cierre, si su Prestamista la tiene disponible, usualmente se permite sólo en los primeros 10 días del mes (puede que algunos Prestamistas solamente lo permitan en los primeros cinco o siete días). El Prestamista le acreditará de vuelta el interés por esos días y la fecha de su primer pago será el primer día del siguiente mes. **Por ejemplo**: Una fecha de cierre del 3 junio, tendrá su primera fecha de pago el primero de julio.

◆ **El Seguro de Propiedad o Seguro contra Riesgos** — Usted tiene que pagar por adelantado la póliza de un año completo, por seguro de la propiedad, antes del cierre. Usted puede usar la compañía o agente que prefiera. Le pedirán que provea una copia de la póliza del seguro y del recibo en el momento del cierre. El Prestamista también cobrará por lo menos dos meses más de seguro de la propiedad para cubrir el primer mes en la casa (cuando no se recibe un pago de su parte) y el último mes del año cuando se vence la póliza para renovarla (ya que el Seguro de la Propiedad es generalmente cobrado de 1 ½ meses por adelantado antes de la fecha de expiración, puede que el banco tenga que enviar la póliza de renovación antes de que se acredite el pago a su cuenta ése mes.

◆ **La Póliza de Seguro Hipotecario** — Dependiendo del tipo de préstamo y plan de pago que esté usando para la Póliza del Seguro Hipotecario, puede que usted pague sólo uno o dos meses en el momento del cierre o la póliza completa de todo el año, dependiendo de la opción de pago que usted elija. La mayoría de la gente elige la opción de pago mensual.

◆ **Los Impuestos de la Propiedad** — El prestamista necesita cobrar impuestos suficientes al momento del cierre para actualizarlo con los ciclos de pago de impuestos. Los impuestos generalmente se pagan dos veces por año en abril y octubre o en mayo y noviembre, dependiendo de las pólizas de impuestos de su región. **Por ejemplo**, si usted está en una región que paga impuestos en abril y en octubre, y su préstamo cierra en junio, su primer pago será hecho el primero de agosto. El 15 de octubre se deberán seis meses de impuestos. Usted solo habrá hecho tres pagos para el 15 de Octubre así es que le faltarán tres meses en su cuenta de plica. El Prestamista también puede retener un colchón de impuestos de dos meses en la cuenta de plica, por las mismas razones que el Seguro de la Propiedad. Así es que en éste ejemplo, el Prestamista cobrará el faltante de tres meses y dos meses de colchón o cinco meses en el momento del cierre. Si su Contrato de Compraventa requiere que los impuestos sean prorrateados a la fecha de cierre (o sea que el Vendedor debe los impuestos hasta la fecha de cierre y usted paga de ahí en adelante), puede que reciba un crédito por parte del Vendedor en el momento del cierre de contrato por la porción de los impuestos que él debe.

¿Qué Documentos Puede Que le Pidan Firmar al Momento del Cierre de Contrato?

En el momento del cierre habrá un montón de documentos para que usted los revise y firme. Todo cierre tiene algunos documentos básicos, pero cada transacción es distinta, y puede haber documentos adicionales para su préstamo o propiedad en particular. Usted tiene el derecho de solicitar copias de los documentos de cierre, antes de su fecha de cierre, para que pueda leerlos y tomar notas sobre cualquier pregunta que tenga. Leer los documentos antes del cierre le dará más tiempo para revisarlos sin distracciones. ¡**Recuerde que** *no debe* **firmar ningún documento legal sin leerlo y comprenderlo primero!**

◆ **La Declaración del Convenio del Departamento de Vivienda y Desarrollo Urbano (HUD)** — Este es el documento que muestra todos los cargos y créditos relacionados con la transacción para ambos, el Comprador y el Vendedor. El Agente de Cierre de Transacción le explicará todos los costos y le pedirá que los firme, reconociendo que es correcto. Ambos, el Comprador y el Vendedor deben firmarlo. Si hay algún desacuerdo o pregunta acerca de las cuotas, deberá resolverse antes de que usted firme el documento.

◆ **La Nota Promisoria** — Este es un documento legal que muestra cuánto es su préstamo y bajo qué términos usted está prometiendo pagar. Mostrará su tasa de interés, el término de su préstamo, el día en el que comienzan sus pagos y el día en el que terminarán, a dónde deberán enviarse los pagos (lo que puede cambiar en algún punto en el futuro), y de cuánto será el pago por la Cantidad Principal y los Intereses del préstamo. Dirá que acciones son consideradas violaciones al acuerdo y las penalidades por dichas acciones. El prestamista podría requerir el pago total de su préstamo antes del final del término acordado debido a alguna violación de los términos de la Nota o Hipoteca. Algunas Notas también pueden tener penalidades por prepago si liquida su préstamo antes del período de tiempo acordado. Asegúrese de saber cuál es ése período de tiempo y de cuánto es la penalidad.

◆ **La Escritura de Fideicomiso** — La escritura es un documento legal que pone en prenda la propiedad como garantía del préstamo. Declara las condiciones y procedimientos bajo los cuales el Prestamista puede recuperar, o llevar la propiedad a juicio hipotecario, si no se cumplen los términos de la Nota. Si un Prestamista recupera una propiedad a través de un juicio hipotecario, tiene el derecho de vender la propiedad y de usar las ganancias para pagar el balance restante del préstamo, cualquier interés acumulado, y las cuotas legales por el juicio hipotecario. Si todos los costos no son cubiertos por la venta, el Comprador puede seguir siendo responsable de pagar la diferencia. La Hipoteca se registra en la corte local y es objeto de un expediente público.

Muestra

A. Declaración de Convenio   **Departamento de Vivienda**   **OMB Número de Aprobación. 2502-0265**
Y Desarrollo Urbano De Los Estados Unidos

B. Tipo de Préstamo

6. Número de Expediente: 7. Número de Préstamo: 8. Número de Caso de Seguro Hipotecario

1. FHA   2. FmHA   3. Convencional Sin Seguro Hipotecario

4. VA   5. Convencional Con Seguro Hipotecario

C.   Nota: Este formulario se provee para darle una declaración del costo real del convenio. Cantidades pagadas para y por los agentes mostrados en el convenio. Los conceptos marcados como "(p.o.c.)" fueron pagados fuera del cierre; son mostrados aq para propósitos de información y no están incluidos en los totales.

D. Nombre y Dirección del Deudor: E. Nombre y Dirección del Vendedor: F. Nombre y Dirección del Prestamista:
  Bernie y Bertha Deudores   Sam y Sally Vendedores   Compañía Muchos Préstamos Hipotecarios
G. Ubicación de la Propiedad :**Cualquier parte** H. Agente de Convenio/Lugar del Convenio: **Compañía de Cierre Clyde** I. Fecha del Convenio:
7/1/02

J. Sumario de la Transacción del Deudor		K. Sumario de la Transacción del Vendedor	
100. Cantidad Bruta a Pagar por parte del Deudor		**400. Cantidad a pagar al Vendedor**	
101. Precio de venta del contrato	$ 100,000.00	401. Contrato de Precio de Venta	$100,000.00
102. Propiedades personales		402. Propiedad personal	
103. Cargos del convenio para el Deudor (línea1400)	$ 6,304.61	403.	
104.		404.	
105.		405.	
Ajustes de conceptos pagados por el Vendedor por adelantado		**Ajustes por conceptos pagados por el Vendedor por adelantado**	
106. Impuestos Municipales a		406. Impuestos Municipales a	
107. Impuestos del Condado **05/16/02 a 07/01/02**	$ 97.50	407. Impuestos del Condado a	
108. Avalúos a		408. Avalúos a	
109.		409.	
110.		410.	
120. Cantidad Bruta a Pagar por el Deudor	$ 106,402.11	**420. Cantidad Bruta que se le debe al Vendedor**	$100,000.00
200. Cantidades pagadas por o de parte del Deudor		**500. Reducciones en la cantidad que se le debe al Vendedor**	
201. Dinero de Depósito o Compromiso	$ 500.00	501. Exceso en el depósito (ver instrucciones)	
202. Cantidad Principal de Préstamo(s) Nuevo(s) 502	$ 98,697.00	502. Cargos por acuerdo al Vendedor (línea 1400)	$ 7,810.00
203. Préstamo(s) Actuales sujetos a 503		503. Préstamo(s) Existente sujetos a	
204. Préstamo de asistencia para costo de cierre	$ 3,500.00	504. Liquidación de la primera hipoteca a **Compañía ABC**	$ 89,325.00
205. Cuota de Solicitud **POC**	$ 350.00	505. Dinero de depósito del comprador	$ 500.00
206. Póliza de Seguro **POC**	$ 360.00	506. Envío de la liquidación de la Hipoteca	$ 17.00
207. Inspección de Casa **POC**	$ 300.00	507.	
Ajustes por conceptos no pagados por el Vendedor		**Ajustes por conceptos no pagados por el Vendedor**	
210. Impuestos Municipales a		510. Impuestos Municipales a	
211. Impuestos del Condado a		511. Impuestos del Condado **01/01/02 a 05/16/02**	$ 292.50
212. Avalúos a		512. Avalúo a	
213.		513.	
214.		514.	
215.		515.	
220. Total Pagado Por El Deudor	$ 103,707.00	**520. Cantidad Total De Deducciones**	$ 97,944.50
300. Efectivo en el Convenio por parte del Deudor		**600. Efectivo en el convenio por parte del Vendedor**	
301. Cantidad Bruta a pagarse por parte del Deudor (línea 120)	$ 106,402.11	601. Cantidad Bruta que se debe al Vendedor (línea 420)	$100,000.00
302. Menos cantidades pagadas por el Deudor (línea 220)	$ 103,707.00	602. Menos deducciones (línea 520)	$ 97,944.50
303. Efectivo ☑From ☐To Borrower	$ 2,695.11	603. Efectivo ☑To ☐From Seller	$ 2,055.50

Los que a continuación firman reconocen haber recibido copia completa de las páginas 1 y 2 de ésta declaración y cualquier adjunto al que se haga referencia en el presente documento.

Comprador _____   Vendedor_____

Comprador_____   Vendedor_____

Muestra de Estado de Cuenta de Acuerdo de HUD

Página 2

L.	Cargos De Contrato	Pagados de los fondos del Deudor en el Acuerdo	Pagados de los fondos del Vendedor en el Acuerdo
700.	Comisión Total del Vendedor basada en un precio de **$100,000** a **7%** =		
	División de Comisión (línea 700) a continuación:		
701.	**$7,000** a la Compañia de Bienes Raíces		$ 7,000.00
702.	$ a		
703.	Comisión Pagada En El Momento De Contrato		
800.	**Conceptos a Pagar en Conección con el Préstamo**		
801.	Cuota de Originación del Préstamo 1%	$ 986.97	
802.	Descuento de Préstamo .25%	$ 242.50	
803.	Cuota de Avalúo a **ABC Valuadores**	$ 350.00	
804.	Reporte de Crédito a **Compañía de Información de Crédito**	$ 50.00	
805.	Cuota de Prestamista para Inspección		
806.	Cuota de Compromiso	$ 375.00	
807.	Cuota de Aprobación		
808.	Cuota de Inspección de Casa a Inspectores Bajo la Lupa **(POC)**	$ 300.00	
809.	Cuota de Procesamiento		
810.	Cuota de Servicio de Impuestos / Cuota de Preparación de Documentos	$ 85.00	
811.	Certificación de Inundaciones	$ 19.50	
900.	**Conceptos Requeridos Por El Prestamista Para Ser Pagados Por Adelantado**		
901.	Intereses de **05/16/02** a **06/01/02** @ **$18.79** por dia (16 dias 7.0%)	$ 300.64	
902.	Seguro Hipotecario de 12 meses **Compañía de Seguros Para Cubrirme**	$ 1,697.00	
903.	Póliza de Seguro de la Casa de 1 año a Copañía de Seguros de Casa(POC)	$ 360.00	
904.			
1000.	**Reservas Depositadas con el Prestamista**		
1001.	Seguro de Casa 3 mes(es) @ **$30** al mes	$ 90.00	
1002.	Seguro Hipotecario 1 mes(es) @ **$41** al mes	$ 41.00	
1003.	Impuestos de Propiedad por parte de la ciudad meses(s) @ al mes		
1004.	Impuestos de la Propiedad del Condado 4 mes(es) @ **$65** al mes	$ 260.00	
1005.	Impuesto Predial Anual mes(es) @ al mes		
1006.			
1100.	**Cuotas de Escrituras**		
1101.	Cuota de Cierre o Acuerdo a Compania de Cierre **XYZ**	$ 175.00	
1102.	Abstraccion o Investigacion del Titulo to		
1103.	Examen del Titulo a Compania de Titulos **XYZ**	$ 100.00	
1104.	Seguro del Titulo a		
1105.	Preparacion de Documentacion a		
1106.	Cuotas de Notario		
1107.	Cuotas de Abogado a		
	(Incluye los conceptos de numeros anteriores:)		
1108.	Seguro de Titulo a Compania de Título **XYZ**	$ 300.00	
	(Incluye los conceptos de numeros anteriores:)		
1109.	Covertura del Prestamista $ 98,000		
1110.	Covertura de Propietario $100,000		$ 400.00
1200.	**Cuotas de Registro Guvernamental y de Transferencia**		
1201.	Cuotas de Registro Transferencia **$20.00** ; Hipoteca **$60.00** ; Liberaciones **$20.00**	$ 80.00	$ 20.00
1202.	Sellos Municipales/Del Estado Impuestos/Cellos: Transferencia $; Hipoteca $300.00	$ 300.00	
1203.	Impuesto Estatal/Cellos: Transferencia $390.00 ; Hipoteca $		$ 390.00
1300.	**Cuotas Adicionales de Acuerdo**		
1301.	Plano Para **Precisar Medidas Compañía de Planos**	$ 175.00	
1302.	Inspección de Plagas a		
1303.	Envío Expres de Paquete Hipotecario a **Compañía de Cierre**	$ 17.00	
1400.	**Total de Cuotas de Contrato** (escríbalo en las líneas 103, Sección J y 502, Seccción K)	$ 6,304.61	$ 7,810.00

POC - Costos de Contrato Pagados fuera de Cierre (POC) ya sea en parte o en su totalidad.

◆ **La Divulgación de la Verdad al Prestar** — La Divulgación de la Verdad al Prestar es un documento que declara el costo total, los términos, y las condiciones del préstamo. La Divulgación de la Verdad al Prestar muestra la cantidad a financiar, los cargos por financiamiento, el **Porcentaje de Rédito Anual (APR)**, y cualquier otra cuota involucrada. El Porcentaje de Rédito Anual es el verdadero rendimiento anual, o ganancias del banco, determinado como un porcentaje de la cantidad del préstamo. Toma en cuenta el interés que el banco gana sobre su préstamo, más el costo de contado que usted paga al momento del cierre del préstamo. El Porcentaje de Rédito Anual (APR) es lo que le permite hacer la comparación entre un Prestamista y otro, basado en todos los costos del banco para usted, no sólo en la tasa de interés.

Por ejemplo: Si tres bancos en la ciudad están ofreciendo 7% de interés en su préstamo, ¿cuál banco ofrece el mejor trato? Al parecer todos son lo mismo.

Banco A	Banco B	Banco C
7%	7%	7%

Si el Banco A está ofreciendo 7% con una cuota de solicitud de $450, Banco B está ofreciendo 7% con una cuota de solicitud de $350, y Banco C está ofreciendo 7% con una cuota de solicitud de $50, ¿Cuál banco es la mejor opción?

Banco A	Banco B	Banco C
7%	7%	7%
$450 cuota de solicitud	$350 cuota de solicitud	$50 cuota de solicitud

Al parecer el Banco C es la mejor opción. Ahora, si el Banco A dice que también cobra un 1% ($1000) de cuota de originación y sin puntos de descuento, y Banco B también cobra un 1% ($1000) de cuota de originación y .5% ($500) puntos de descuento, y Banco C cobra 1% ($1000) de cuota de originación y 1% ($1000) de puntos de descuento.

Banco A	Banco B	Banco C
7%	7%	7%
$450 cuota de solicitud	$350 cuota de solicitud	$50 cuota de solicitud
$1,000 Cuota de orig.	$1,000 Cuota de orig.	$1,000 Cuota de orig.
$0 puntos de des.	$500 puntos de des.	$1,000 puntos de des.

¿Cuál Prestamista ofrece el mejor trato? ¡Se está empezando a complicar y es difícil distinguir! Sin embargo, si le digo que el interés más el costo de contado (APR) de cada banco es:

7.125% APR	7.375% APR	7.5% APR

¿Puede distinguir ahora cuál es el mejor trato? El Banco A sería la mejor opción. El APR le da una figura para hacer comparaciones que toma en cuenta todas las cuotas del banco.

Una ley federal requiere que los Prestamistas le provean una declaración completa del costo y términos en los primeros tres días hábiles a partir del día de su solicitud y una declaración final, cuando cierre el préstamo, si el APR ha cambiado más de una cantidad pequeña.

◆ **El Título** — El Título es el documento legal que conviene o transfiere la posesión de la propiedad de un dueño a otro. El Título mostrará la descripción legal completa de la propiedad, nombre(s) del Vendedor(es) y nombre(s) del Comprador(es). El Vendedor generalmente tiene el Título redactado, lo firma delante de un Notario, y lo entrega al momento del cierre de la transacción.

◆ **Las Divulgaciones** — La mayoría de los demás documentos que firmará son divulgaciones. Los Prestamistas deben divulgarle a usted, por escrito, cierta información con respecto a su préstamo y sus derechos. Tienen que hacerlo para cumplir con las regulaciones del gobierno o del banco. Al firmar los documentos usted está reconociendo que usted ha recibido y entendido dicha información. Si no entiende la información de algún documento, pídale al agente de cierre de contrato que se lo explique. **No firme los papeles hasta que entienda lo que está firmando.**

◆ **Afidávit** — Muchos préstamos requieren que firme un afidávit. Un afidávit es una declaración por escrito reconociendo que la información ahí proveída es verdadera de acuerdo a lo que usted sabe. Algunos préstamos requieren afidávit acerca de su ingreso, intenciones de ocupar la propiedad, y que no hay acuerdos externos con cualquiera de los otros participantes en la transacción, etc.

Usted está cometiendo un fraude al Prestamista si provee información falsa verbal o en cualquier documento. El Prestamista podría exigirle que pague el saldo y presentar cargos criminales en su contra.

Una vez que haya firmado todos los documentos de cierre de transacción, el Agente de Cierre debe proveerle un paquete de cierre de contrato que contiene copia de todos los documentos que firmó. Usted debe guardar éstos documentos en un lugar seguro a prueba de agua y fuego, tal como una caja de seguridad depósito. Puede que necesite algunos de éstos documentos para propósitos de impuestos o si vendiera la casa en un futuro. Si se pierde o se daña su Resumen del Título, puede ser muy costoso reemplazarlo.

LECCION 8

¡USTED ES UN PROPIETARIO DE CASA! ¿AHORA QUE?

Una vez que usted es el dueño de una casa, lo más importante que hacer el pago de su casa a tiempo y completo cada mes, para que pueda continuar siendo un propietario de casa.

Es fácil emocionarse "arreglando la casa nueva." Todos quieren comprar esas cortinas nuevas, el sofá nuevo, las colchas que combinen, tapetes y electrodomésticos al instante para que la casa se vea bien cuando los familiares vengan a visitar. Los planes de crédito fáciles y sin pagos para muebles durante un año suenan muy atractivos. Es tan fácil sacarlo ahora y preocuparnos de pagarlo después. Esa forma de pensar puede poner en riesgo el conservar su casa. Si usted sacó un préstamo por la cantidad máxima a la que calificaba y ahora se endeuda aún más, ¿será capaz de pagar todos sus cobros? Es posible que no pueda amueblar y decorar todos los cuartos de la casa en la forma que usted quiere inmediatamente. Puede que tenga que planear hacerlo poco a poco. Recuerde que su primera prioridad debe ser hacer el pago de su casa a tiempo.

Haciendo Sus Pagos

Usted debió haber recibido instrucciones por parte del Agente de Cierre sobre cómo y cuándo hacer su primer pago si no recibe un estado de cuenta o libro de cupones antes de su primera fecha de pago.

Es su responsabilidad hacer el primer pago a tiempo, ya sea que reciba el libro de cupones o no. Si va a pagar o ya ha solicitado que se establezca un pago automático, es posible que todavía tenga que hacer el primer pago con un cheque. Asegúrese de revisar con su Agente de Cierre o Prestamista, cómo se debe manejar dicha situación.

A lo largo de su préstamo, sus Impuestos de la Propiedad y el Seguro de la misma estarán sujetos a cambios. Probablemente aumenten, y ocasionalmente pueden disminuir. Su compañía de seguros y el condado le notificaría a *ambos* a usted y al Prestamista de los cambios a su seguro e impuestos, aún y si sus pagos están en una cuenta de plica y son pagados por el Prestamista. Si el prestamista no ajusta su pago por el aumento o disminución, usted debe llamarles de todos modos inmediatamente. *¡No lo ignore!* Tarde o temprano el Prestamista se dará cuenta de que ha habido un error y le cobrará la cantidad que sea necesaria. Puede ocasionar un aumento sustancial a su pago hasta que la diferencia sea cubierta. ¡Siempre es mejor manejar el aumento lo más pronto posible en vez de hacerlo después!

Si sus impuestos y seguro no están en una cuenta de plica (que se cobren como parte de su pago mensual), necesita asegurarse de que sean pagados a tiempo. El condado puede poner un gravamen en su casa por impuestos de la propiedad que no hayan sido pagados. El condado publicará una lista de las propiedades con impuestos morosos, y después de un período de tiempo, como lo dictan las leyes estatales, su casa puede ser vendida en una subasta de propiedades con impuestos morosos. Usted entonces tendría un período de tiempo en el cual puede pagar los intereses que se deban, más el interés acumulado (establecido por el estado), o perdería su casa. Si usted no le provee al Prestamista el comprobante de la cobertura de seguro de la casa, el Prestamista puede tener la opción de obtener cobertura de seguro a través de otra compañía, costo por el cual usted será responsable. El costo de su seguro será considerablemente más elevado que el de la compañía que usted había escogido. Usted puede establecer su propia cuenta de ahorros por separado para hacer los pagos mensuales, de manera que tenga la cantidad que necesita, cuando la necesite. Sólo sume la póliza anual de cobertura y los impuestos y divídalos entre 12. **Por ejemplo**: Si su seguro es de $400 al año y los impuestos de la propiedad son $1,200 anuales:

$400 + $1,200 = $1,600 dividido entre 12 = $133.33 al mes

Usted debe depositar $133.33 en su cuenta de ahorros de "plica" cada mes.

¿Qué Pasa Si No Puede Hacer Sus Pagos?

Si tiene dificultades financieras, llámele a su Prestamista inmediatamente y trate de negociar un plan de pagos. Busque ayuda inmediatamente de alguna Agencia local de Consejería de Crédito no lucrativa. Revise la sección sobre cómo elegir una Agencia de Consejería de Crédito.

Mientras más rápido pida ayuda, más opciones le serán abiertas. Una vez que se retrasa uno o dos meses en sus pagos, tendrá menos posibilidades de que el Prestamista quiera ayudarle.

El pago de su casa debe ser el primer pago que realice cada mes como propietario de una casa. Mantener un techo para proteger a su familia debe ser su primera prioridad. Usualmente el Prestamista no le aceptará un pago de casa parcial; su pago *completo* debe hacerse en su fecha límite, usualmente el primero del mes.

Si usted no hace los pagos al préstamo, el Prestamista puede iniciar los procedimientos para un **juicio hipotecario**. Un juicio hipotecario significa que el Prestamista puede tomar la casa de vuelta y tratar de venderla por la cantidad que usted deba. Si el Prestamista no puede venderla por el saldo del préstamo hipotecario, impuestos atrasados, el procesamiento y las cuotas legales, usted puede seguir siendo responsable por el saldo que se deba. Siempre es más conveniente para usted contactar a su Prestamista en cuanto tenga problemas financieros para explicarle la situación. Si le avisa antes de la retasarse con su pago, puede que tengan algunas opciones de pago para ayudarle a sobrepasar un período difícil.

Si tiene dificultad para mantener los pagos a su préstamo hipotecario al corriente, hay algunas maneras en las que su Prestamista puede ayudarle a recuperar su curso. Algunas de las opciones incluyen:

◆ **La Indulgencia Especial** — Una Indulgencia Especial es un acuerdo por escrito entre usted y su Prestamista que puede incluir un plan de pagos, una reducción temporal en sus pagos, o una suspensión de pagos durante un período corto de tiempo.

◆ **La Modificación de Hipoteca** — Una Modificación de Hipoteca es un cambio permanente a uno o más términos del préstamo, tales como un cambio en la tasa de interés o una extensión al tiempo disponible para pagar el préstamo. Esta opción puede ser apropiada si está experimentando una reducción de ingresos o aumento de gastos permanente o a largo plazo.

◆ **La Demanda Parcial** — Es posible que su Prestamista pueda negociar con usted para obtener un préstamo sin intereses del Departamento de Vivienda y Desarrollo Urbano (HUD) para traer su préstamo hipotecario a un balance positivo. Usted tendrá que repagar el préstamo cuando refinancie o venda su casa.

Si le pide ayuda especial a su Prestamista debido a alguna circunstancia imprevista que le haya causado retrasarse en el pago de su préstamo hipotecario, lo que el prestamista querrá saber es "¿si negociamos con usted la cantidad morosa, puede comprobar que va a realizar los pagos a tiempo de aquí en adelante?" Si la respuesta es no, necesitará considerar poner su casa a la venta ya.

Si sus circunstancias han llegado al punto en el que usted ya no puede hacer los pagos de la hipoteca ni pagar las cantidades atrasadas, hay alternativas al juicio hipotecario.

◆ **La Venta antes de Juicio Hipotecario** — Esto le permitirá vender la propiedad usted mismo y pagar en su totalidad el préstamo hipotecario. Si la cantidad de venta no cubre la cantidad que debe de la casa, es posible que el Prestamista negocie con usted para aceptar la cantidad que usted reciba de la venta. Si ya no puede hacer los pagos, usualmente le conviene más tratar de vender la casa usted mismo o a través de un Agente de Bienes Raíces, en vez de permitir que la casa se vaya a juicio hipotecario.

◆ **El Titulo en lugar de Juicio Hipotecario** — Como último recurso, puede "devolver" su propiedad al Prestamista voluntariamente. Por medio de este procedimiento existen menos costos legales y le perjudica menos a su historial de crédito que un Juicio Hipotecario.

Refinanciando su Préstamo

Los propietarios de casas revisan las tasas de interés actuales constantemente para ver si pueden encontrar un mejor trato. Solamente porque usted sacó un préstamo hipotecario con un 8.75% de interés a 30 años, no significa que no lo puede cambiar. De hecho, tiene lo mejor de ambos mundos. Si los intereses aumentan, aun tiene su tasa de interés de 8.75%, pero si los intereses disminuyen, tiene la opción de refinanciar el saldo actual de su préstamo con términos más favorables. Su Prestamista no tiene esta opción.

El Refinanciar tiene sus ventajas y desventajas. La ventaja es, que cuando refinancia con una tasa de interés más baja, reduce los intereses que paga y como consecuencia su pago mensual. Pude ser que quiera utilizar parte de la plusvalía de su casa y utilizarlo para otra cosa, tales como para remodelar su casa, financiar gastos de la Universidad, o pagar algunos cobros. Por supuesto, tiene que tomar en cuenta que este préstamo disminuye la plusvalía que ha acumulado en su casa.

Otra razón para refinanciar es para disminuir el número de pagos que tiene que hacer o para disminuir su pago mensual. Si los intereses actuales son más bajos que el que tiene ahora, puede ser que tenga la oportunidad de reducir el tiempo de su préstamo y tener un pago mensual igual o más bajo que el original.

Sólo hay una desventaja a la hora de refinanciar; no es gratis. Esencialmente, refinanciar significa que está vendiendo su casa y volviéndola a comprar con una hipoteca nueva. El Prestamista por lo general vuelve a tomar un reporte de la agencia de crédito, reevalúa la propiedad (al menos de que se haya hecho recientemente), prepara otro paquete de préstamo y así sucesivamente. Existirán costos de cierre de contrato similares a los que pagó la primera vez. En general, el costo para refinanciar un préstamo existente puede ser de miles de dólares. Algunas personas deciden financiar estos costos, incluyéndolos el en el costo del préstamo hipotecario nuevo.

Que sea una buena idea depende de sus finanzas personales, cuanto tiempo vivirá en la casa, y que tanto disminuirá su tasa de interés. Usted debe comparar su préstamo actual con el nuevo para determinar su costo total para el período de tiempo que piensa vivir en la casa. Esta es la única manera de saber si está haciendo una buena decisión financiera.

Asegúrese de entender qué quiere decir el Prestamista con "No existen costos de cierre de contrato".

Puede interpretar esto de dos maneras; en realidad no existen costos de cierre para refinanciar, lo cual no es muy común, o el significado más común que es que los costos son financiados en el préstamo, y por lo tanto no tiene que aportar dinero de su bolsa. Le costará dinero — pero lo tomarán de sus ganancias. Esto significa que si los costos de cierre de contrato son de $8,000, obtendrá un préstamo por $8,0000 más de lo que había planeado. El financiar los costos de cierre de contrato puede afectar la cantidad de su pago mensual considerablemente.

No debe tomar una decisión sobre el refinanciamiento de su préstamo sin tomar en consideración primero todas las ventajas y desventajas, especialmente si su préstamo hipotecario actual es un préstamo sin intereses (como los préstamos de Vivienda Para La Humanidad) o un préstamo de interés bajo, si usted recibe asistencia monetaria con una tasa de interés muy baja o con intereses diferidos, o si usted tiene un préstamo de asistencia con cláusulas que digan que debe pagarse "cuando se venda o se refinancie." Refinanciar un préstamo que tenga un interés bajo o con 0% de interés puede costarle mucho más en su pago mensual que dejarlo con la tasa ligeramente más elevada que actualmente tiene.

Por ejemplo: Cuando Sandra y Bernardo compraron su casa hace 10 años, calificaron para un programa especial para compradores de casas por primera vez lo que les dio un préstamo a 30 años de $80,000 con un interés de 7.75%. Su pago mensual de la cantidad Principal e Interés es $573. También calificaron para un préstamo de asistencia para el enganche y costos de cierre de contrato de $15,000 con un

NOTES

interés de 0%. El pago de éste préstamo es diferido hasta que vendan la casa o refinancien el préstamo o paguen el préstamo en 30 años. Si no hacen nada, su costo de los préstamos actuales que tienen será $80,000 de la cantidad principal del préstamo más $126,327 de interés en el préstamo, más los $15,000 del préstamo del enganche y costos de cierre de contrato — para un total de $221,327.

Hoy la tasa de interés de un préstamo a 30 años es 7%, un ahorro de .75% sobre el préstamo actual. Bernardo piensa que deberían refinanciar su préstamo. Durante los 10 años que han tenido el préstamo, el balance en su préstamo ha bajado a $69,813. Si refinancian tendrán que pagar $3,000 en costos de cierre más el balance de $69,813 del préstamo hipotecario más los $15,000 del préstamo de asistencia (que no les cuesta ningún interés sobre el préstamo original).

Su préstamo nuevo tendría que ser $87,813, para cubrir el saldo que se debe, los costos de cierre de transacción, y el pago de los $15,000 del préstamo de asistencia (debido a las condiciones del préstamo original). El préstamo nuevo de $87,813 tendría un interés de 7% a 30 años. El pago nuevo al Principal e Intereses sería $584 mensual, un aumento de $11 al mes por encima de su pago de préstamo actual, y estarían pagando su préstamo durante otros 30 años en vez de durante sólo 20 años.

¡Durante los próximos 30 años, estarían pagando $122,506 en interés, más $87,813 del préstamo nuevo para un total de $210,319, sin contar los $58,588 en interés que ya habían pagado durante los 10 años anteriores! ¡Eso pondría el costo total de la compra de su casa a $268,907! No ahorrarían nada de dinero si refinanciaran — de hecho pagarían $47,580 más.

En muchos casos, refinanciar un préstamo puede ahorrarle dinero. En algunos casos, puede costarle más. Usted necesita comparar el costo de su préstamo actual con el costo del nuevo para saber si se beneficiaría o no si refinanciará en este momento.

Recuerde, los Prestamistas ganan dinero haciendo préstamos. Con gusto le prestarán más dinero durante un período de tiempo más largo. Algunos prestamistas le dirán cuando un préstamo no le beneficia, pero mucho otros no. Así es que usted tiene que comparar su costo.

El Mantenimiento De Su Casa

Como dueño de una casa, usted tiene ahora responsabilidades con respecto a su propiedad y su casa. Puede que haya órdenes de la ciudad que gobiernen qué tan alto puede crecer su pasto, o que las banquetas tengan que estar libres de nieve y hielo, y cuantos coches chatarra puede tener. Si usted viola las órdenes de la ciudad, ésta puede contratar a alguien para que haga el trabajo o limpie la chatarra y cobrarle a usted. Sus cargos generalmente son mucho más altos que lo que usted hubiera pagado si usted hubiera contratado a los trabajadores o lo hubiera hecho usted mismo. La mayoría de las órdenes tienen que ver con problemas de seguridad o de salud. Usted necesita cortar su césped y cortar sus arbustos para que roedores y víboras no se establezcan en su jardín. Necesita quitar la nieve y hielo de su banqueta de manera que el cartero y los demás puedan pasar de manera segura.

El Mantenimiento General

Usted es responsable del mantenimiento de su casa. Si la pintura comienza a escarapelarse o astillarse, necesita repintar ésas áreas. Si no lo hace, la estructura de madera se su casa será expuesta al agua. El agua causará que la madera se eche a perder y afectará la integridad estructural de su casa. Es mucho más barato pintar algunas partes o hasta la casa completa, que reparar la estructura de la casa. Al hacer revisiones rutinarias en su propiedad, y arreglando los problemas en cuanto aparezcan, usted se ahorrará una cantidad sustancial de dinero. Si no tiene las herramientas ni equipo para darle mantenimiento a su propiedad, usted puede contratar a alguien más para que realice el trabajo, o puede rentar o conseguir prestado el equipo que necesite.

Llegue a un acuerdo con su vecino; si él le presta su cortadora de pasto, usted le cortará el pasto o le ayudará de alguna otra forma. Revise si hay alguna organización de vivienda que tenga un armario para prestar herramienta, o un lugar de renta de herramienta en su región, donde usted pueda rentar o le presten la herramienta que necesite durante algunas horas. Esté pendiente de las ventas de cochera o subastas para ver si encuentra equipo de jardinería y herramientas. Usualmente podrá obtener lo que necesita a precios muy razonables.

Necesitará terminar ciertos proyectos en su casa con regularidad para mantenerla en buenas condiciones. Es mucho más fácil y más barato darle mantenimiento con regularidad que tratar de reparar cosas una vez que se han roto o que no funcionan.

El Mantenimiento de Primavera y Verano

◆ **Revise su Techo.** Busque y reemplace cualquier teja que falte o que esté dañada. Reemplace las tejas lo más pronto posible para prevenir que el agua dañe su aislamiento o techos y paredes interiores.

◆ **Limpie su jardín** — El pasto y otras plantas ayudan a controlar la erosión. Replante los espacios vacíos en su jardín y fertilice su pasto. Pode los arbustos y recoja las hojas. Revise el alrededor de sus cimientos. ¿Está inclinándose la tierra hacia la casa o hacia fuera? Si se está inclinando hacia la casa, el agua se acumulará alrededor de los cimientos y puede causar daños. Redistribuya la tierra de manera que la tierra se incline hacia fuera de la casa. Plante árboles nuevos, bulbos o flores.

◆ **Revise los canales y desagües** — Asegúresele de que las canales estén libres de basura y de que no tengan goteras. Use una manguera para revisarlas. Asegúrese de que los desagües estén conectados y se extiendan por lo menos a tres pies de la casa, ya que esto ayudará a proteger sus cimientos de ser dañados por el agua.

◆ **Revise sus ventanas y alambreras** —Remueva las contravidrieras y reemplácelas con las alambreras. Reemplace cualquier ventana rota o mosquitero dañado. Las ventanas rotas son un problema de seguridad y dejarán que el agua se acumule en el antepecho, causando así daño a la madera.

◆ **Revise y hágale el servicio a su unidad de aire acondicionado antes de que llegue el clima cálido** — Cambie o limpie los filtros de su aire acondicionado una vez al mes, o cuando el fabricante lo recomiende. Limpie las aspas y rejillas de los ventiladores.

◆ **Haga cualquier proyecto exterior mientras el clima sea bueno,** tales como pintar, reemplazar ventanas, construir un pórtico, vaciar cemento, etc.

◆ **Mantenga su césped corto y riéguelo.** Ajuste la altura de su cortadora de césped un poco más alta durante el verano. El pasto más alto requiere menos agua y ayuda a dar sombra a las raíces de la planta.

◆ **Saque algo de agua del fondo del calentador de agua para re-mover sedimentos.** Su calentador de agua durará mucho más si saca algo de agua del tanque cada dos meses, para remover sedimentos acumulados.

◆ **Limpie los entablados.** En algunos climas húmedos puede crecer moho en sus entablados. Eventualmente puede causar daños al entablado. Si tiene entablado de madera, revise que no haya termitas ni daños hechos por pájaros carpinteros. Puede que tenga que prebarnizar su entablado o tratarlo con un preservador. Reemplace cualquier entablado roto o cuarteado para prevenir que sea dañado por el agua.

El Mantenimiento de Otoño e Invierno

◆ **Revise sus banquetas y entradas de cocheras para ver si hay cuarteaduras.** Séllelas antes de que el clima se vuelva frío. El agua congelada en las cuarteaduras expandirá y hará que las cuarteaduras se hagan más grandes

◆ **Revise su sistema de calefacción y hágale el servicio antes de que el clima se vuelva frío.** Reemplace los filtros y lubrique el motor cuando sea necesario. Selle los huecos alrededor de las tuberías, ductos, cables, etc. El aire frío y roedores entrarán dondequiera que haya huecos.

◆ **Revise los sellos, mástique y empaques alrededor de todas sus ventanas.** Usted no debe ver ninguna luz alrededor de los marcos. Reemplácelos cuando sea necesario.

◆ **Apague y vacíe llaves y mangueras exteriores antes de que haya temperaturas congelantes.** El agua que queda en las cañerías o mangueras puede congelarse y causar una ruptura.

◆ **Revise su techo.** Asegúrese de que no haya áreas dañadas en su techo. Haga cualquier reparación necesaria. No las deje para después. Las goteras en el techo pueden convertirse en daños muy caros en su casa.

◆ **Pode los árboles y arbustos cuando sea necesario.** Las ramás pesadas se pueden romper cuando hay vientos fuertes y causar daños a las líneas eléctricas, su casa y carro.

◆ **Recoja y remueva las hojas de su jardín.**

◆ **Revise la pintura y entablado.** Repárelos cuando sea necesario. La madera expuesta se echará a perder si es expuesta al agua. Se puede formar moho.

◆ **Revise los niveles de aislamiento en su ático.** Agregue aislador si es necesario. La pérdida de calor le costará más dinero en sus recibos de servicios públicos.

◆ **Instale Contravidrieras.** Las contravidrieras ayudan sirviendo como aislamiento en contra de la pérdida de calor.

◆ **Cambie o limpie los filtros de su sistema de calefacción mensualmente, o cuando sea necesario según las instrucciones del fabricante.** Filtros limpios ayudarán a que su sistema funcione de manera más eficiente y dure más ahorrándole así dinero.

◆ **Revise la pintura de sus paredes y ventanas interiores. Retoque o repinte cuando sea necesario.**

◆ **Revise la plomería debajo de su fregadero y alrededor de las llaves para ver si no hay goteras.** Haga las reparaciones necesarias. Las goteras causarán daños a sus gabinetes y eventualmente al piso.

◆ **Revise y asegúrese de que sus alarmas contra incendios y detectores de monóxido de carbono estén funcionando.** *Reemplace las baterías cada año.* Si no tiene alarmas, *obtenga algunas.* Revise que los extintores de fuego estén cargados. Revise sus rutas de evacuación de emergencia con todos los miembros de su familia.

◆ **Remueva la nieve lo antes posible por razones de seguridad.** Es más fácil removerla cuando aún está fresca, antes de que el tráfico la comprima.

◆ **Limpie y aspire las bobinas de su refrigerador.** Las bobinas sucias ocasionan que el refrigerador trabaje con más dificultad.

Remodelar o Hacer Reparaciones

Es posible que tenga que contratar a un constructor para hacer las reparaciones o remodelaciones a su casa que usted no pueda o no quiera hacer usted mismo. Una vez más, haga su investigación primero. Pregúntele a su Agente de Bienes Raíces, amigos, vecinos y compañeros de trabajo para que le recomienden a alguien. Comuníquese a La Agencia de Mejores Negocios (Better Business Bureau) para ver si ha habido alguna queja contra el contratista que usted está considerando para el trabajo.

El contratista debe venir a su casa, discutir lo que se necesita hacer y darle una *licitación por escrito.* La licitación debe detallar el trabajo que se hará, el tipo de materiales que será utilizado, el costo de los materiales, el costo de la mano de obra, y aproximadamente cuánto tiempo tomará terminar el trabajo. Asegúrese de obtener una licitación completa y detallada y sepa exactamente qué está obteniendo por su dinero. Si su estado requiere que los contratistas tengan licencia y seguro, usted deberá preguntar si el contratista tiene dichas licencias y seguros, y pida ver una copia de la licencia y la póliza de seguro. También debe llamar a la compañía de seguros del contratista para verificar si su cobertura sigue en efecto. Algunos contratistas tendrán un portafolio de seguros para mostrárselo a los clientes y después cancelan la cobertura a la semana siguiente.

¿Durante cuánto tiempo ha estado su contratista realizando éste tipo de trabajo? ¿Acaba de comenzar su negocio o ha estado haciendo esto durante años? Deberá tomar en consideración si la persona tiene la experiencia y conocimiento para hacer un trabajo profesional. ¿Quién es responsable de obtener los permisos de construcción o de la ciudad, si se requieren? ¿Estaba incluido en la licitación el costo de cualquier permiso que se requiera? ¿Es éste un trabajo de tiempo completo para él o es un trabajo de medio tiempo? Una persona de medio tiempo puede ser menos accesible y es posible que no pueda trabajar durante horas que sean convenientes para usted.

Pida una lista de por lo menos tres referencias *y llámeles.* Si la gente estaba satisfecha con el contratista, con gusto le dirán a la demás gente. Si la gente no estuvo satisfecha con el contratista ¡también se lo dirán!

Discuta con su contratista cómo se le pagará antes de que comience el trabajo. ¿Aceptará una tarjeta de crédito, o tendrá que pagarle en efectivo o con cheque? Para evitar malentendidos. ¿Le cobrará su contratista al finalizar el trabajo o querrá un pago parcial al comenzar? **Nunca debe pagar la cantidad completa por adelantado y no debe pagar completamente hasta que *todo* el trabajo esté terminado de manera satisfactoria para usted.**

La Dicha De Ser Propietario De Casa

Después de leer todo esto, ser dueño de una casa puede sonar intimidante. Los impuestos y seguros, pagos a préstamos, tasas de interés que suben y bajan, todo el mundo persiguiendo su dinero, ¿refinanciar o no? ¡Tantas cosas que considerar!

Usted necesita tomar en cuenta muchos factores cuando compre una casa. Si hace sus investigaciones y compara, hace preguntas, lee los documentos, y entiende lo que está firmando, será menos estresante.

¡Ser dueño de su propia casa puede ser algo maravilloso! Usted puede elegir el color de sus paredes, decorar su casa con cualquier estilo que guste, tener una mascota, y tal vez hasta un jardín. Usted también está construyendo valor líquido para usted mismo. Usted querrá estar más involucrado en su comunidad, ya que ahora usted es uno de los "interesados." De hecho vale la pena todo el esfuerzo y papeleo que se tiene que hacer.

NOTES
Saber qué esperar, qué se espera de usted, qué preguntas hacer, qué costos están involucrados, quiénes son los jugadores, y cuáles son sus papeles hará el proceso mucho más fácil y un poco menos estresante para usted.

LECCION 9

¡CUIDESE DE LOS DEPREDADORES!

Evite Los Préstamos Depredadores

Como inquilino o como propietario, usted recibe muchas llamadas y ofertas en el correo que ofrecen tarjetas de crédito, consolidación de cobros, préstamos con garantía hipotecaria, préstamos para remodelar la casa, préstamos para refinanciar, y ofertas de ventanas, techo, y entablados. Puede que le estén ofreciendo tratos demasiado buenos para ser ciertos. Generalmente no son tan buenos como parecen. Mientras que la mayoría de los que hacen dichas ofertas son negocios con buena reputación, recuerde *porqué* son negocios. Necesita tener en cuenta que algunos Prestamistas y vendedores están tratando de hacer dinero para sí mismos, y puede que no les importen los intereses de usted. Es posible que le ofrezcan préstamos que usted no quiera ni que necesite. Peor aún, puede que le estén ofreciendo préstamos con cuotas enormes y con altas tasas de interés. A estos prestamistas se les denomina "Prestamistas Depredadores," y eso es exactamente lo que son — Depredadores.

Los Prestamistas Depredadores son aquellos que cobran cuotas e intereses exorbitantes. ¿Cómo se pueden salir con la suya? De hecho es relativamente fácil para ellos. Primero, es legal, siempre y cuando le digan a usted los términos. Las tasas de interés y cuotas son exorbitantes, pero nadie, ni siquiera el gobierno, ni el banco ni la cooperativa de ahorro y crédito, les va a decir que no pueden o que no deben cobrar lo que cobran. Segundo, confían en el hecho de que la mayoría de la gente no se preocupa demasiado sobre sus asuntos financieros como para molestarse en leer los términos y condiciones de los préstamos que están obteniendo. Tercero, tienden a escribir sus contratos de tal forma que confunden a la gente lo más posible. Cuarto, saben que usted necesita dinero y que probablemente no tiene muchas opciones disponibles. Quinto, se aprovechan de su naturaleza confiada.

Cuando se trata de dinero, usted tiene que cuidar sus intereses.

Todos Somos Posibles Blancos De Prestamistas Depredadores

Los Prestamistas Depredadores no discriminan; obtendrán dinero de quien puedan, es posible que hasta se enfoquen hacia cierto tipo o grupo de gente. Algunos blancos potenciales pueden incluir:

◆ Personas con balances en muchas tarjetas de crédito, quienes probablemente quieran consolidar sus deudas

◆ Personas que sean dueños de sus propias casas y que tengan valor líquido que puedan tomar prestado

◆ Personas que no hablen o lean bien el inglés

◆ Personas de edad avanzada

◆ Personas que tengan problemas de crédito

◆ Personal Militar

◆ Maestros

◆ Policías y Bomberos

◆ Residentes de la ciudad

◆ Personas de bajos ingresos

◆ Personas enfrentando juicios hipotecarios

◆ Personas que han tenido una perdida de ingresos repentina

◆ Personas que necesitan hacer reparaciones mayores de casa

Las Señales de Préstamos Depredadores

Los Prestamistas Depredadores utilizan tantas tretas que no podemos mencionarlas todas, y todos los días surgen aún más variaciones de las mismas. Algunas prácticas de Préstamos Depredadores están dirigidas a los usuarios de tarjetas de crédito y préstamos, mientras que otras se dirigen a gentes que están tratando de comprar casa, y otras están dirigidas a personas que ya poseen su propia casa. Usted debe estar constantemente en guardia.

Necesita entender que la mayoría de los prestamistas basan sus decisiones en su historial crediticio. *Espere* pagar tasas de interés y cuotas más elevadas si no tiene un historial crediticio o el que tiene no es bueno. ¿Qué tanto más elevadas es lo razonable? La respuesta es, "Hasta que busque y compare, no sabrá lo que es razonable." Comparar a los prestamistas es la única forma de saber que es razonable de acuerdo a *su* historial crediticio y a *su* situación en la que está obteniendo el préstamo. He aquí algunos ejemplos de situaciones que deben señalar banderas rojas para usted.

Siempre que sienta que hay una mala señal o bandera roja, usted debe hacer más preguntas, hacer más comparaciones, asegurarse de que todo está por escrito, y buscar consejo profesional independiente y explicaciones. Si usted ha tenido tratos con alguna agencia no lucrativa de vivienda en el pasado, pregúnteles a ellos.

Las Prácticas Depredadoras

◆ **Cuando un Prestamista le pide que firme papeles que contienen espacios en blanco.** Nunca firme ningún documento que contenga espacios en blanco. Pueden escribir muchas cosas en ellos después de que usted salga de la oficina, y es posible que usted sea responsable por las altas tasas de interés o cuotas de las que usted ni siquiera está enterado.

◆ **Cuando un Prestamista le pide que firme papeles sin permitirle leerlos primero.** Nunca firme ningún documento legal sin antes leerlo y entenderlo. ¡La ignorancia no es excusa ante la ley!

◆ **Un Prestamista que esté renuente a proveerle una copia del contrato para que lo lea con anticipación.** Tiene que preguntarse a sí mismo "¿qué hay en ése contrato que no quieren que sepa?"

◆ **El Prestamista que no divulga el costo del préstamo claramente y desde un principio, no le provee una estimación de buena fe, ni le da una Divulgación de la Verdad al Prestar.** Tenga cuidado con cualquier prestamista que no le provea una estimación por escrito del costo del préstamo en el momento que usted los solicita. Es requisito legal que el prestamista le provea una Estimación de Buena Fe y una Divulgación de la Verdad al Prestar, en los primeros tres días hábiles de haber solicitado el préstamo. De nuevo, piense qué es lo que no quieren que usted sepa acerca del costo.

◆ **No le dicen si el préstamo tiene un interés fijo o ajustable.** Es muy importante que usted sepa si su tasa de interés es fija, ajustable, o una combinación de ambas (ejemplo, si los primeros 5 años es fija y después se convierte en ajustable). Su tasa de interés afectará su pago, así es que usted debe saber exactamente qué esperar. Preocúpese si el Prestamista no discute esto con usted. ¡Haga preguntas!

◆ **El Prestamista agrega seguro de vida en el momento del cierre de contrato, sin antes discutirlo con usted o sin tener su aprobación por adelantado.** Algunos Prestamistas le ofrecerán una póliza de seguro de vida que pagará su préstamo en caso de que usted muera antes de haberlo terminado de pagar. Es posible que esto sea algo en lo que usted esté interesado y puede beneficiar a su familia. Sin embargo, debe considerar cuidadosamente cómo lo pagará. Muchas pólizas pueden ser pagadas por separado en un pago mensual.

Tenga cuidado con las pólizas que se pagan completas al contado. Esto significa que tendrá que pagar la póliza completa al momento del cierre de su préstamo. Algunos prestamistas ofrecen financiar el costo de la póliza en su préstamo, lo que al principio puede sonar como una buena idea porque usted obtiene la cobertura y no tiene que pagar al contado. Sin embargo la suma total de la póliza puede ser muy cara, tan cara como $9,000 o $10,000. Pasan dos cosas. Usted termina tomando prestados $10,000 más de lo que había planeado y termina pagando intereses sobre esos $10,000 también. Esto puede costarle miles de dólares más durante la vida del préstamo. Financiar $10,000 durante 15 años con un 18% de interés le costará $161 adicionales al mes y ¡$18,987 extra en intereses! Es posible que usted pueda obtener la misma cobertura de seguro por parte de su propio Agente de Seguros por sólo $50 al mes y sin pagar intereses en la misma. Busque y compare costos. Si usted no quiere la cobertura, pídales que la remuevan del contrato.

◆ **¿Hay alguna penalidad por prepago que no haya sido discutida en el momento en el que solicitó el préstamo?** *Esté pendiente de las penalidades de prepago.* Algunos prestamistas cobran penalidades exorbitantes de prepago que van de uno hasta cinco años después de que haya sacado el préstamo. Puede que usted no pueda tomar ventaja de alguna reducción en los intereses o la oportunidad de vender su casa sin tener que pagar miles de dólares en penalidades de prepago. Pregúntele a su prestamista si hay alguna penalidad de prepago. Si la hay, pregunte ¿durante cuánto tiempo está en efecto dicha penalidad? y ¿cuánto tiene que pagar si elige pagar el préstamo antes?

◆ **"Flipping" es una práctica donde el Agente de Bienes Raíces, el Oficial de Préstamos y, usualmente el Valuador, se unen para venderle una propiedad a un precio inflado.** Ha habido casos donde Prestamistas descarados, Agentes de Bienes Raíces, y Valuadores se han involucrados en ventas ilegales. Toda ésta gente depende de consumidores que compren casa y cierren la transacción. En algunos casos los llamados "profesionales" trabajan juntos para falsificar la documentación y valores de las casas para venderlas. Es posible que usted, como comprador, no califique para el préstamo, pero el Oficial de Préstamos provee información falsa para que el préstamo sea aprobado. Usted se da cuenta después de que la transacción se ha llevado a cabo que usted ha pagado demasiado por la propiedad y que no puede hacer los pagos. Es posible que no pueda refinanciar el préstamo o vender la propiedad.

El deseo de tener su propia casa puede ser intenso, pero no permita que dicho deseo lo ciegue para hacer cosas que no parezcan correctas. Cuestiónelas. No le hará ningún bien obtener una casa que no pueda pagar y que tenga un valor falso. Si usted provee información falsa, usted ha cometido un fraude. Como resultado, usted puede perder su casa y ser sujeto de una acción judicial.

Las Prácticas Depredadoras Potenciales

◆ **Si usted recibe ofertas de préstamos o tarjetas de crédito que no solicitó o inició**. No asuma automáticamente que son buenas ofertas o tratos para usted. Algunas lo pueden ser pero muchas otras no. Los Prestamistas de prestigio mandan ofertas todo el tiempo, pero también los Prestamistas Depredadores lo hacen. Aprenda a evaluar esas ofertas para que sepa distinguir una buena de una mala.

◆ **Si los costos divulgados son considerablemente distintos al momento del cierre de la transacción**. Si hay un cambio sustancial en los costos de cierre o en las cuotas entre lo que le dijeron cuando solicitó el préstamo a lo que le presentan al momento del cierre, usted debe pedir una explicación. Si no está de acuerdo con los números o con la explicación, no tenga miedo de posponer el cierre del contrato o de salirse del préstamo. Revise para ver si puede conseguir mejores términos con otro Prestamista.

Sin embargo, si los costos en el momento del cierre son distintos a lo que le habían dicho cuando hizo su solicitud, no significa necesariamente que su Prestamista esté usando prácticas depredadoras. ¿Cambió de programa o las cantidades de préstamo, o aseguró su tasa de interés a un rédito distinto que con el que le habían cotizado cuando hizo su solicitud? Si es así, los cambios pueden ser diferencias de costo justificadas y no prácticas depredadoras. Cada vez que haga cambios en su préstamo, debe preguntarle a su Prestamista cómo afecta eso a los costos. Debe pedir una Estimación de Buena Fe y una Divulgación de la Verdad al Prestar que refleje los cambios.

◆ **El Porcentaje de Rédito Anual que se muestra en la Divulgación de la Verdad al Prestar es distinto al que le dieron en el momento de la solicitud**. Lleve la Divulgación de la Verdad que le dieron cuando solicitó el préstamo y compárela con la del cierre de contrato. No cierre la transacción hasta que sepa cuál es la diferencia y esté de acuerdo con ella. Tome en cuenta que si cambia de programa, término, cantidad o tasa de interés del préstamo, el Porcentaje de Rédito Anual será distinto. Pida una nueva Divulgación de la Verdad al Prestar cada vez que haga cambios a su préstamo.

◆ **Puede que le ofrezcan la oportunidad de refinanciar su préstamo con un interés más bajo o que saque dinero para**

NOTES

remodelaciones o reparaciones "sin costo para usted." Los vendedores pueden ser muy persuasivos, diciéndole que "los intereses pueden subir y que no puede perder ésta oportunidad" o "la oferta es únicamente durante tiempo limitado." Es posible que le digan que no hay costos de cierre o que usted no tiene que pagar ningún costo de cierre de transacción y le harán un favor y financiarán todo para usted. Aquí la vieja frase de "nada es gratis" es muy apropiada. En casi todos los préstamos, segundas hipotecas, o préstamos con garantía hipotecaria, hay que pagar cuotas de algún tipo. Alguien tiene que pagarlas; asegúrese de saber quién es ese alguien.

Si las cuotas son financiadas en su préstamo, *usted las está pagando*, sólo que no en efectivo y al contado. ¡Antes de firmar cualquier papel, sepa exactamente qué costos van a financiar y cuánto son! No es un buen trato pagar cuotas exorbitantes ni costos de cierre para obtener el préstamo; es una treta "sin costo." Haga sus investigaciones y comparaciones. Cuando refinancie un préstamo, usted tiene "derecho de rescisión de tres días", lo que significa que tiene tres días a partir del momento en el que firma los papeles para cambiar de opinión y cancelar la transacción. No tenga miedo de cambiar de opinión si las cuotas o términos de su préstamo no son lo que esperaba. Sepa cuales serían términos y costos razonables para que no sea usted una victima.

◆ **Los vendedores le dicen "Necesita actuar rápido. Si espera hasta mañana perderá ésta oportunidad."** Si usted no toma el tiempo para analizar una transacción o hacer comparaciones, se está poniendo usted en riesgo. Tómese el tiempo de hacer sus investigaciones. Si pierde ésta oportunidad, ya llegará otra, y usted sabrá la próxima vez lo que es una buena oferta, sin ser presionado. Los préstamos son un negocio donde hay mucha competencia, y hay ofertas especiales todo el tiempo.

◆ **Alguien lo aborda ofreciéndo "ayudarle a cambiarse a una casa o vecindario mejor" sin que usted haya iniciado el contacto.** Esto puede ser un truco de ventas donde el vendedor lo aborda y le ofrece la oportunidad de comprar una casa mejor. Ofrecen comprarle su casa actual, para que pueda estar libre para comprar una mejor. Le dicen que le darán tanto en efectivo por su casa actual si les firma y transfiere las escrituras de la propiedad. Entonces usted puede ir a comprar una casa mejor, y usar el efectivo como enganche. Sin embargo, usted probablemente se dará cuenta de que no puede calificar para otra casa, ya que su nombre sigue en el préstamo hipotecario de la otra propiedad. Usted sigue siendo responsable de los pagos del préstamo de la primer casa, pero ya no es el dueño. Usted habrá perdido su propiedad vieja ya que ha transferido las escrituras y no puede comprar una nueva ya que sigue financieramente obligado a pagar su primera propiedad. Lo que sonaba como una buena oportunidad para cambiarse a una casa mejor sin tener que pasar por los pasos usuales de venta de la propiedad, resulta sin embargo una estafa terrible.

◆ **Tenga cuidado si usted ya tiene dificultades financieras y alguien le ofrece ayudarle a salvar su casa.** Alguien puede ofrecerle pagar su préstamo moroso si le firma las escrituras de la propiedad. Puede que le ofrezcan hacerse cargo de su préstamo, pero usted le pagará una tasa de interés mucho más alta que la de su préstamo actual. De hecho, puede ser el doble. Si usted se atrasa en un pago, usted perderá su casa y todo el valor líquido que tenga en la misma. Asegúrese de revisar con su prestamista antes de hacer algo como esto. La mayoría de los préstamos tiene una cláusula de "debe pagarse cuando se venda," que puede que no permita algo como esto y hay una diferencia muy importante entre alguien que compra su casa y alguien que toma sus escrituras.

◆ **Los prestamistas que le ofrecen préstamos de más que el valor de su casa.** Algunos prestamistas le prestarán hasta 125% del valor de su propiedad. Eso puede parecer una buena transacción, hasta que tenga que vender la propiedad. Usted puede estar "de cabeza" en sus préstamos, es decir que debe más en sus prestamos que lo que pudiera obtener de la venta de la propiedad. Siempre que obtenga un préstamo por más del valor de algo, estará metiéndose en problemas.

◆ **Los préstamos por debajo de la tasa de interés preferencial hechos a personas con problemas de crédito o con bajo puntaje de crédito.** Las tasas de interés y cuotas que se cobran son mucho más altas que las que los prestamistas dan por las "Tasas de Interés Preferenciales." Este tipo de prestamistas provee un servicio necesario para muchas personas que tienen problemas de crédito lo que evita que puedan conseguir préstamos en sus bancos o cooperativas de ahorro y crédito locales. Los Prestamistas Depredadores cobran cuotas e intereses mucho más altos que los autorizados.

Por ejemplo: Linda y Roberto han tenido algunos problemas de crédito en los últimos tres años y necesitan un carro nuevo. Las tasas de interés para préstamos de autos están alrededor del 7%, así es que pensaron que éste era un buen momento para comprar uno. Fueron a dos o tres bancos, pero el préstamo les fue negado a causa de su historial crediticio. Sin embargo, les dieron la referencia de un Prestamista que otorga crédito por debajo de la tasa de interés

NOTES

preferencial, quien les dijo que calificaban para un préstamo a 11% de interés. Estaban emocionados porque los iban a aprobar para un préstamo. Preguntaron por las cuotas y éstas fueron razonables, no muy distintas a las que los otros prestamistas estaban cobrando. Roberto y Linda necesitaban mucho un carro nuevo así es que decidieron comprar el carro con un 11% de interés, en vez de esperar un año o dos hasta que subiera su puntaje de crédito y calificaran por un interés más bajo. ¿Fue esto un préstamo depredador? No. ¿Lo pudo haber sido? sí, las tasas de interés o cuotas no hubieran sido razonables de acuerdo al puntaje de crédito que tienen.

Usted sólo podrá saber si las tasas de interés y cuotas son razonables de acuerdo a su puntaje de crédito si usted hace una comparación y pregunta con distintos Prestamistas. Necesita buscar y comparar costos para asegurarse de que hacer el *mejor trato para el que califica*.

Los Métodos Utilizados por los Prestamistas Depredadores para Contactarlo

◆ **Los Prestamistas Depredadores pueden enviarle ofertas por correo.** Lo más seguro es que usted ya las haya visto — todas esas ofertas de tarjetas de crédito, cheques de préstamos, y "regalos gratis si llena la solicitud" que usted recibe en el correo todos los días.

◆ **Utilizarán personas de tele-mercadeo para llamarle a su casa.** Las personas de tele-mercadeo tratarán de mantenerlo en el teléfono hasta que diga que sí. Como alguna persona dijo, "Le harán muchas preguntas a las que usted contestará — sí" y luego dirán su oferta, y usted dirá "sí" de nuevo, y lo enganchan."

◆ **Algunos tocarán a su puerta.** Van de puerta en puerta en los vecindarios que sean el blanco, ofreciendo "un grandioso trato a un buen precio si firma ya." Tratarán de presionarlo para hacer algo ahí mismo, de manera que usted no pueda comparar precios con otros Prestamistas o Contratistas.

◆ **Algunas veces el Prestamista le dará su nombre a otros Prestamistas** (quienes pueden ser Prestamistas Depredadores) si ellos no pueden ayudarle con su préstamo, aunque, puede que no se den cuenta de que le están dando la referencia de un Prestamista Depredador. Ellos sólo saben que el otro Prestamista puede prestar dinero a la gente que ellos no pueden, y piensan que le están ayudando.

Usted tiene que estar constantemente en guardia contra los Prestamistas Depredadores y vendedores. Ellos viven de su renuencia a buscar y comparar, de su deseo de obtener algo por nada, y de su impaciencia de realizar todos los procedimientos y pasos normales. Los atajos le pueden salir muy caros.

¿Qué debe hacer si cree haber sido victima de prácticas de Préstamo Depredadoras?

Primero, debe tomar en cuenta que en la mayoría de los casos, no hay nada ilegal acerca de las prácticas de préstamo depredadoras, *si el Prestamista le ha proveído con las divulgaciones requeridas*. Si usted no se tomó el tiempo de leerlos y entenderlos o de comparar el préstamo con otros, el problema es suyo, no de ellos.

◆ **Si usted todavía está en el período de rescisión de su refinanciamiento de préstamo (los tres días que tiene para cambiar de opinión sobre el préstamo), usted puede cambiar de parecer y salirse del préstamo.** Sólo recuerde, usted tiene que ir en los primeros tres días a la oficina del agente de cierre de contrato y firmar los papeles de rescisión que digan que usted no quiere el préstamo.

◆ **Trabaje para poner su crédito y situación financiera en orden** lo más pronto posible para que pueda refinanciar el préstamo problemático.

◆ **Si cree que se hizo algo ilegal, debe contactar al Abogado General del Estado y a la Comisión Bancaria para hacer una queja.** Puede buscar ayuda legal por parte de un abogado u oficina de ayuda legal. Es posible que alguna agencia local de vivienda no lucrativa pueda ayudarle con posibles soluciones financieras.

Sección de Exámenes

Incluye:

Hoja de Salida
Hoja de Respuestas
Exámenes de las Lecciones 1 a 9

Haga Su Movimiento

Hoja de Salida

Información del Participante

Apellido: (Letra de Molde)	Nombre	Inicial	Número de Registro de HSM		
Domicilio Postal: Calle	Apartamento	Ciudad	Estado		Código Postal
Número Telefónico (Opcional)					
Prestamista (Opcional)			Oficial De Préstamo (Opcional)		

NOTA PARA LOS PARTICIPANTES

Si usted completa este curso estudiando solo, llene la porción superior de este formulario. Llene la hoja de respuestas que se encuentra en la parte posterior de ésta página, transfiriendo sus respuestas de cada examen a la Hoja de Respuestas. **Envíe los 9 exámenes contestados, la hoja de respuestas y ésta página a la organización de enseñanza que le dio éste libro.**

Si usted completa éste curso en un **salón de clases**, llene la porción superior de este formulario. Llene la hoja de respuestas que se encuentra en la parte posterior de ésta página, transfiriendo sus respuestas de cada examen a la Hoja de Respuestas. **Entregue a la organización que impartió la clase los 9 exámenes contestados, la hoja de respuestas y ésta página a la organización de enseñanza que le dio éste libro.**

NOTA PARA LAS ORGANIZACIONES EDUCATIVAS

Cuando los estudiantes independientes o los que participaron en las clases hayan completado con éxito las 9 lecciones, (llene la porción de la información de la organización educativa de éste formulario, la fecha y firme cada una de las lecciones individuales).

La porción restante de éste formulario debe ser completada por la Organización que Impartió la Clase

Haga Su Movimiento Salida

LECCION	FECHA EN QUE SE APROBO LA LECCION		FIRMA DEL FACILITADOR
	SALON DE CLASES	**AUTODIDACTAS**	
Lección Uno			
Lección Dos			
Lección Tres			
Lección Cuatro			
Lección Cinco			
Lección Seis			
Lección Siete			
Lección Ocho			
Lección Nueve			
Fecha En Que El Participante Completó Las 9 Lecciones		Firma del Representante De La Organización Que Impartió La Clase	

(La Organización que impartió la clase debe incluir su nombre, dirección, número de teléfono, e información local de contacto en el espacio a continuación. Puede usar un sello o etiqueta.)

H.S.M. Información de la Organización que Impartió la Clase

Haga Su Movimiento...
FECHA:_____

HOJA DE RESPUESTAS

NOMBRE:_____

NUMERO DE REGISTRO:_____

Instrucciones: Transfiera sus respuestas a esta hoja de respuestas.
Coloree en el bloque correcto para marcar su respuesta.

Lección 1   8/11

1. [A] [B] [C] [D]
2. [A] [B] [C] [D]
3. [A] [B] [C] [D]
4. [A] [B] [C] [D]
5. [A] [B] [C] [D]
6. [T] [F]
7. [T] [F]
8. [T] [F]
9. [T] [F]
10. [T] [F]
11. [T] [F]

Lección 2

1. [A] [B] [C] [D]
2. [A] [B] [C] [D]
3. [A] [B] [C] [D]
4. [A] [B] [C] [D]
5. [A] [B] [C] [D]
6. [A] [B] [C] [D]
7. [T] [F]
8. [T] [F]
9. [T] [F]
10. [T] [F]
11. [T] [F]
12. [T] [F]
13. [T] [F]
14. [T] [F]
15. [T] [F]

Lección 3   7/10

1. [A] [B] [C] [D]
2. [A] [B] [C] [D]
3. [A] [B] [C] [D]
4. [A] [B] [C] [D]
5. [T] [F]
6. [T] [F]
7. [T] [F]
8. [T] [F]
9. [T] [F]
10. [T] [F]

Lección 4   11/15

1. [A] [B] [C] [D]
2. [A] [B] [C] [D]
3. [A] [B] [C] [D]
4. [A] [B] [C] [D]
5. [A] [B] [C] [D]
6. [T] [F]
7. [T] [F]
8. [T] [F]
9. [T] [F]
10. [T] [F]
11. [T] [F]
12. [T] [F]
13. [T] [F]
14. [T] [F]
15. [T] [F]

Lección 5   14/20

1. [A] [B] [C] [D]
2. [A] [B] [C] [D]
3. [A] [B] [C] [D]
4. [A] [B] [C] [D]
5. [A] [B] [C] [D]
6. [A] [B] [C] [D]
7. [A] [B] [C] [D]
8. [A] [B] [C] [D]
9. [A] [B] [C] [D]
10. [A] [B] [C] [D]
11. [T] [F]
12. [T] [F]
13. [T] [F]
14. [T] [F]
15. [T] [F]
16. [T] [F]
17. [T] [F]
18. [T] [F]
19. [T] [F]
20. [T] [F]

Lección 6   6/8

1. [A] [B] [C] [D]
2. [A] [B] [C] [D]
3. [A] [B] [C] [D]
4. [A] [B] [C] [D]
5. [T] [F]
6. [T] [F]
7. [T] [F]
8. [T] [F]

Lección 7   11/15

1. [A] [B] [C] [D]
2. [A] [B] [C] [D]
3. [A] [B] [C] [D]
4. [A] [B] [C] [D]
5. [A] [B] [C] [D]
6. [A] [B] [C] [D]
7. [T] [F]
8. [T] [F]
9. [T] [F]
10. [T] [F]
11. [T] [F]
12. [T] [F]
13. [T] [F]
14. [T] [F]
15. [T] [F]

Lección 8   7/10

1. [A] [B] [C] [D]
2. [A] [B] [C] [D]
3. [A] [B] [C] [D]
4. [A] [B] [C] [D]
5. [T] [F]
6. [T] [F]
7. [T] [F]
8. [T] [F]
9. [T] [F]
10. [T] [F]

Lección   6/8

1. [A] [B] [C] [D]
2. [A] [B] [C] [D]
3. [A] [B] [C] [D]
4. [A] [B] [C] [D]
5. [T] [F]
6. [T] [F]
7. [T] [F]
8. [T] [F]

Nombre: _____

Número de Registro: _____

Número de respuestas necesarias
para aprobar: 8

EXAMEN DE LA LECCION 1
USTED QUIERE COMPRAR UNA CASA. ¿POR DONDE COMENZAR?

1. ¿Quién es la persona responsable por determinar el valor de venta o del mercado de su casa?
   a. El valuador
   b. El Prestamista
   c. El Agrimensor
   d. El Inspector de Casas

2. ¿Durante cuánto tiempo debe mantener el registro de cada dólar que gasta para obtener una foto real de a dónde va su dinero?
   a. 1 mes
   b. 2 meses
   c. 3 meses
   d. 4 meses

3. ¿Qué documentos debe llevar cuando vaya a ver a un Prestamista para solicitar un préstamo para una casa?
   a. Una lista de sus actuales gastos mensuales
   b. Sus formularios W-2 de los últimos 2 años
   c. Los talones de cheque de pago que cubran un período de un mes
   d. Todo lo anterior

4. ¿Cuál de los siguientes gastos NO es flexible?
   a. El pago del Tele-cable
   b. Los pagos de tarjetas de crédito
   c. La renta /pago de casa
   d. La suscripción al Periódico

5. ¿Cuándo debería usar un programa de manejo de deudas o una organización de consejería de crédito?
   a. Cuando su crédito es excelente
   b. Cuando puede hacer sus pagos mensuales completos
   c. Cuando quiere evadir pagar cargos por intereses altos haciendo pagos completos
   d. Cuando está atrasado en sus cuentas y tiene problemas.

6. (Cierto o Falso) Si le es negado un préstamo, usted debe consultar con por lo menos otros dos Prestamistas.

7. (Cierto o Falso) El ingreso Bruto es la cantidad que usted gana antes de que sean hechas las deducciones.

8. (Cierto o Falso) Los gastos Fijos son cobros que reocurren cada mes, y los pagos son siempre los mismos.

9. (Cierto o Falso) Un programa de manejo de deudas ofrecido por una organización de consejería de crédito es lo mismo que un préstamo de consolidación de deudas ofrecido a través de un Prestamista.

10. (Cierto o Falso) El ingreso Neto es la cantidad que usted tiene después de que se han hecho las deducciones.

11. (Cierto o Falso) Los Prestamistas basan sus cálculos en su ingreso neto.

Nombre: _____

Fecha:_____

Número de Registro: _____

Número de respuestas necesarias para aprobar: 11

EXAMEN DE LA LECCION 2
¿CÓMO ESTÁ SU HISTORIAL DE PAGOS?

1. ¿En menos de cuántos días despúes de haber sido rechazado puede obtener una copia de su reporte de crédito gratis si provee una copia de su carta de rechazo?
   a. 30 días
   b. 45 días
   c. 60 días
   d. 90 días

2. ¿Cuál de los siguientes NO está incluido en su reporte de crédito?
   a. Cuentas de crédito
   b. Cuentas de ahorros
   c. Información de archivos públicos
   d. Número de seguro social

3. ¿Cuál de los siguientes está interesado un Prestamista?
   a. Sus ingresos y deudas
   b. Su ingreso e historial de crédito
   c. Sus deudas
   d. Todo lo anterior

4. Si se ha declarado en bancarrota ¿generalmente cuánto tiempo se tiene que esperar a partir de que la fecha de absolución, antes de solicitar un préstamo hipotecario?
   a. 6 meses
   b. 1 año
   c. 1- 2 años
   d. 2- 4 años

5. ¿Cuál de las siguientes calificaciones de "papeles" (de préstamo) es considerado el menor riesgo?
   a. Calificación A
   b. Calificación B
   c. Calificación C
   d. Calificación D

6. ¿Cuál de las siguientes toma en cuenta el sistema de puntaje FICO?
    a. Su historial de pago y número de cuentas abiertas
    b. Cantidad de crédito disponible para usted y saldos actuales
    c. Cuánto tiempo ha tenido usted crédito y qué tipos de crédito
    d. Todo lo anterior

7. (Cierto o Falso) Si la información en su reporte de crédito es incorrecta, usted puede hacer que la oficina de crédito lo corrija.

8. (Cierto o Falso) Un Reporte de Crédito es un registro del historial de pagos de un individuo

9. (Cierto o Falso) Un "Reporte de Crédito Hipotecario Completo" es un reporte que no está actualizado y puede ser de una o de las tres agencias principales de reporte de crédito.

10. (Cierto o Falso) Usted puede obtener una copia de su reporte de crédito en cualquier momento.

11. (Cierto o Falso) Mientras más bajo es su puntaje FICO, más alto será el interés que probablemente tendrá en su préstamo.

12. (Cierto o Falso) Todo el mundo tiene acceso a su expediente de crédito.

13. (Cierto o Falso) A los préstamos de más alto riesgo algunas veces se les denomina "préstamos por debajo de la tasa de interés preferencial"

14. (Cierto o Falso) Generalmente antes de obtener un préstamo hipotecario, ambos juicios hipotecarios y cuentas en proceso de recaudación tienen que haber sido pagadas por completo.

15. (Cierto o Falso) Si usted recibe un puntaje FICO de 650 usted usualmente será considerado un riesgo positivo de crédito.

Nombre: _____   **Fecha:**_____

Número de Registro: _____   **Número de respuestas necesarias para aprobar: 7**

EXAMEN DE LA LECCION 3
SER PRECALIFICADO O PREAPROBADO PARA UN CREDITO

1. ¿Qué es una cuenta de plica?
    a. Una cuenta separada para el dinero del seguro e impuestos
    b. Una cuenta donde se deposita el dinero de fianza
    c. Una cuenta separada para los cobros del préstamo hipotecario
    d. Una cuenta usada por las Instituciones Financieras para préstamos

2. ¿Qué porcentaje de valor líquido tiene que tener usted en su casa para poder eliminar el pago del seguro hipotecario?
    a. 10%
    b. 15%
    c. 20%
    d. Ninguno

3. ¿Qué tipo de seguro protege al Prestamista en caso de que usted no cumpla con el préstamo?
    a. Seguro de la Propiedad
    b. Seguro Hipotecario Privado
    c. Seguro Contra Inundaciones
    d. Seguro de Vida Hipotecario

4. ¿Hasta cuántos años atrás solicitará el Prestamista su historial de trabajo?
    a. 6 meses
    b. 9 meses
    c. 1 año
    d. 2 años

5. (Cierto o Falso) Todo Préstamos tiene un requisito mínimo de inversión por parte del comprador.

6. (Cierto o Falso) Usted no puede usar fondos de regalo para ayudar a cubrir su enganche y costos de cierre de contrato.

7. (Cierto o Falso) El valor líquido es la diferencia entre lo que usted debe de su casa y el valor en el mercado de su casa.

8. (Cierto o Falso) Una precalificación es una estimación y NO una garantía de cuánto dinero califica.

9. (Cierto o Falso) Los Prestamistas requieren documentación para revisarla antes de permitir que cierre un préstamo.

10. (Cierto o Falso) Basándose el índice de vivienda e índice de deuda, un Prestamista debe usar el más bajo de los dos pagos para calificarlo para la mayoría de los préstamos hipotecarios.

Nombre: _____

Número de Registro: _____

Fecha:_____

**Número de respuestas necesarias
para aprobar: 11**

EXAMEN DE LA LECCION 4
¿QUE TIPOS DE CREDITOS EXISTEN?

1. ¿Cómo se le llama la tasa de interés anual y durante la vida del préstamo máxima / mínima que usualmente tienen los préstamos de tasa de interés ajustable?
   a. "Tope"
   b. Un índice
   c. Un margen
   d. Un "ARM"

2. ¿Cuál de las siguientes partes forman un préstamo?
   a. El término y la tasa de interés
   b. El valor del préstamo permitido
   c. La cantidad necesaria de efectivo para el enganche y costos de cierre
   d. Todo lo anterior

3. ¿Con qué otro nombre se les conoce a los préstamos de FHA, VA, y de Desarrollo Rural?
   a. Préstamos Hipotecarios
   b. Préstamos Convencionales
   c. Préstamos de Gobierno
   d. Préstamos de Autos

4. ¿Cuál es la diferencia principal entre todos los préstamos?
   a. Quien puede usarlos
   b. La cantidad requerida de enganche
   c. Las reglas de aprobación
   d. Los costos de cierre de contrato

5. ¿Cuál préstamo tiene una tasa de interés que puede cambiar de vez en cuando basándose en un índice del mercado?
   a. Préstamo de Tasa de Interés Fija
   b. Préstamo de Tasa Escalonada
   c. Préstamo de Compra de Puntos de Descuento
   d. Préstamo de Tasa de Interés Ajustable

6. (Cierto o Falso) A pesar de que hay cientos de préstamos, realmente solo hay cuatro tipos básicos de préstamo.

7. (Cierto o Falso) El Prestamista solamente le prestará un cierto porcentaje del valor de su propiedad.

8. (Cierto o Falso) La mayoría de los préstamos requieren que usted pague con su dinero propio de cinco a diez por ciento del precio de compra.

9. (Cierto o Falso) Inversionistas privados compran préstamos convencionales.

10. (Cierto o Falso) Su tasa de interés nunca está garantizada hasta que se "cierre".

11. (Cierto o Falso) Todos los préstamos pueden ser asumidos.

12. (Cierto o Falso) Cualquiera puede usar préstamos de FHA y Prestamos Convencionales.

13. (Cierto o Falso) Una de las decisiones más difíciles que un comprador de casa tiene que tomar es decidir cuando "cerrar" la tasa de interés.

14. (Cierto o Falso) Los préstamos de"Programas Trailer" ayudan a mucha gente a calificar para un préstamo hipotecario.

15. (Cierto o Falso) Las tasas de interés varían día a día y hasta pueden cambiar muchas veces en un cierto día.

Nombre: _____   **Fecha:**_____

Número de Registro: _____   **Número de respuestas necesarias para aprobar: 14**

EXAMEN DE LA LECCION 5
EN BUSCA DE UN ACASA

1. ¿Durante cuánto tiempo se hace un préstamo para construcción?
   a. Cinco años
   b. Tres años
   c. Dos años
   d. Menos de un año

2. El depósito para mostrarle al Vendedor que usted es serio en sus intenciones de comprar su propiedad se llama…
   a. Enganche
   b. Precio de compra
   c. Dinero de Fianza
   d. Costo de cierre de contrato

3. ¿Cuál de las siguientes personas puede darle una evaluación imparcial de su casa?
   a. El Agente Dual
   b. El Inspector de Casas
   c. El Prestamista
   d. El Abogado

4. ¿En la compra de qué tipo de propiedad requiere el Prestamista que un desarrollo o asociación cumplan ciertas directrices y sean aprobadas por sus subscriptores?
   a. Condominios
   b. Unidades planeadas de desarrollo
   c. Casas Adjuntas
   d. Todo lo anterior

5. ¿Qué tipo de agente trabaja exclusivamente para el Vendedor y representa los intereses del Vendedor?
   a. El Agente de Listado
   b. El Agente del Comprador
   c. El Agente del Vendedor
   d. Respuestas A y C

6. Cuando se presenta una oferta, el Vendedor puede:
   a. Aceptar la oferta
   b. Contradecir la oferta
   c. Rechazar la oferta
   d. Cualquiera de las anteriores

7. ¿Cuál de los siguientes sería menos probable que retrasara el completar de una construcción nueva?
   a. El clima
   b. Disponibilidad del material
   c. La venta de la casa vieja
   d. Hacer cambios en el esquema de colores del interior

8. ¿Cuál de los siguientes es un factor importante cuando esté considerando construir una casa nueva?
   a. Costo del terreno
   b. Elección de la alfombra, pintura, y gabinetes
   c. Tipo de electrodomésticos
   d. Todo lo anterior

9. ¿Qué es lo más importante cuando esté considerando comprar una casa nueva?
   a. El costo de la casa
   b. El tamaño de la casa
   c. La ubicación de la casa
   d. El estilo de la casa

10. Para poder financiar una casa móvil usando a una hipoteca tradicional de bienes raíces usted debe:
    a. Poseer el Terreno
    b. Poner la casa sobre cimientos permanentes
    c. Cumplir las directrices de HUD
    d. Todo lo anterior

11. (Cierto o Falso) Utilizar un Agente de Bienes Raíces es la forma más eficiente de buscar casas.

12. (Cierto o Falso) Un Prestamista puede decirle al Agente de Bienes Raíces o al Vendedor para cuánto califica si usted así se los indica.

13. (Cierto o Falso) Una casa dañada por el agua, con cuarteaduras en las paredes, y tuberías rotas no sería considerada en "Condición Estándar de la Industria".

14. (Cierto o Falso) Usted debe pagarle al Agente de Bienes Raíces ya sea que cierre o no el trato.

15. (Cierto o Falso) El análisis de mercado le ayudará a determinar cuál sería el precio de oferta razonable para una casa.

16. (Cierto o Falso) Cuando una oferta es aceptada y se le informa a la otra parte implicada, usted está ligado a un contrato legal.

17. (Cierto o Falso) Usted puede asumir que si un electrodoméstico está descompuesto, el Vendedor lo arreglará antes de que usted compre la propiedad.

18. (Cierto o Falso) "Valor Líquido de Sudor" es cuando el dueño de la casa realiza trabajo de construcción para ahorrar en costos de mano de obra.

19. (Cierto o Falso) Es importante contratar a un Inspector de Casas cuando esté comprando una casa nueva.

20. (Cierto o Falso) Si usted hace cambios en su préstamo, usted debe siempre consultar con su Prestamista para asegurarse de que no pondrá en riesgo su préstamo.

Nombre: _____   Fecha:_____

Número de Registro: _____   **Número de respuestas necesarias para aprobar: 6**

EXAMEN DE LA LECCION 6
FINALIZANDO SU PRESTAMO

1. ¿Cuál de los siguientes tipos de planos es el más utilizado comúnmente para un préstamo hipotecario?
   a. Plano de Ubicación
   b. Plano de Límites
   c. Plano de Elevación
   d. Todo lo anterior

2. ¿Cómo se le conoce cuando no hay gravámenes o demandas en contra de una propiedad que pudieran afectar la posesión?
   a. Investigación de Título
   b. Actualización abstracta
   c. Título libre
   d. Seguro de título

3. Los tipos de inspección que pueden requerir que se hagan a su casa antes de la aprobación del préstamo incluyen:
   a. De termitas
   b. Del techo
   c. Del sistema séptico
   d. Todas las anteriores

4. ¿Cuánto tiempo debe tomar una buena inspección?
   a. De una hora y media a tres horas
   b. Dos días
   c. Una semana
   d. Un mes

5. (Cierto o Falso) Usted no puede cerrar su préstamo hasta que se hayan cumplido todos los requisitos de aprobación.

6. (Cierto o Falso) El avalúo no es de ninguna forma una garantía ni garantiza la condición de una casa.

7. (Cierto o Falso) Si su casa está ubicada en una zona de inundaciones, es posible que requieran que tenga seguro contra inundaciones.

8. (Cierto o Falso) El Inspector de casas recorrerá la casa solo para buscar cualquier problema.

Nombre: _____   **Fecha:**_____

Número de Registro: _____   **Número de respuestas necesarias**
para aprobar: 11

EXAMEN DE LA LECCION 7
EL PRESTAMO HA SIDO APROBADO —
¡VAMOS A CERRAR EL CONTRATO!

1. ¿Cuál de los siguientes documentos enlista todos los cargos y créditos referentes a la transacción para ambos el Comprador y el Vendedor?
   a. La Nota Promisoria
   b. La Hipoteca
   c. La Divulgación de la Verdad al Prestar
   d. La Declaración del Departamento de Vivienda y Desarrollo Urbano

2. ¿Cuáles de las siguientes cuotas de cierre de contrato se cobran comúnmente en un préstamo?
   a. La cuota de originación del préstamo
   b. La cuota de avalúo
   c. La cuota de cierre de contrato
   d. Todas las anteriores

3. ¿Cuál de los siguientes documentos declara cuánto le están prestando y bajo qué términos promete usted pagarlo?
   a. La Nota Promisoria
   b. La Hipoteca
   c. La Divulgación de la Verdad al Prestar
   d. La Declaración del Departamento de Vivienda y Desarrollo Urbano

4. ¿Qué documento legal transfiere los derechos de posesión de una propiedad de una parte involucrada a la otra?
   a. Divulgación
   b. Escrituras
   c. Affidávit
   d. Nota Promisoria

5. ¿Qué cuota de cierre se tiene que pagar por adelantado?
   a. El dinero de depósito de fianza
   b. La cuota de solicitud
   c. La cuota de inspección de casa
   d. Todo lo anterior

6. ¿Cuál de los siguientes documentos declara el costo total, los términos y condiciones del préstamo?
   a. La Nota Promisoria
   b. La Hipoteca
   c. La Divulgación de la Verdad al Prestar
   d. La Declaración del Departamento de Vivienda y Desarrollo Urbano

7. (Cierto o Falso) Si usted le provee información falsa a un Prestamista ya sea verbal o en cualquier documento, usted está cometiendo un fraude y se pueden presentar cargos criminales en su contra.

8. (Cierto o Falso) Sus documentos de cierre de contrato deben ser siempre guardados en un lugar protegido en contra del agua y fuego.

9. (Cierto o Falso) Usted es responsable de darle los documentos de cierre de contrato al Agente de Cierre.

10. (Cierto o Falso) Un punto de descuento de préstamo es una cuota que el Prestamista cobra para ajustar la tasa de interés, o rendimiento al banco, o a los réditos del mercado.

11. (Cierto o Falso) Aún si ha dialogado los detalles de su préstamo, siempre lea cada documento antes de firmarlo.

12. (Cierto o Falso) La Hipoteca declara la propiedad como garantía de un préstamo y es asunto de registro público.

13. (Cierto o Falso) A los intereses que se deben en su préstamo a partir de la fecha de cierre hasta el primero del siguiente mes se llama "Interés de Días Nones".

14. (Cierto o Falso) Antes de cerrar, le pedirán que presente un comprobante de Seguro de la Propiedad.

15. (Cierto o Falso) Una "Estimación de Buena Fe" es cuando el Prestamista le provee a usted una estimación por escrito de cuánto necesitará para el enganche y costos de cierre de contrato, cuenta de plica establecida para gastos en el momento de su solicitud de préstamo.

Nombre: _____   **Fecha:** _____

Número de Registro: _____   **Número de respuestas necesarias para aprobar: 7**

EXAMEN DE LA LECCION 8
¡USTED ES AHORA PROPIETARIO DE CASA! — ¿AHORA QUE?

1. Si usted no puede hacer sus pagos usted debe:
   a. Tratar de negociar un plan de pagos con su Prestamista
   b. Hacer un pago parcial y planear pagar el resto el mes siguiente
   c. Buscar ayuda por parte de una agencia local de consejería de crédito
   d. Respuestas A y C

2. ¿Cómo se le denomina cuando el prestamista toma de vuelta su casa y trata de venderla por la cantidad de dinero que usted debe?
   a. Procedimiento de juicio hipotecario
   b. Indulgencia especial
   c. Modificación de la hipoteca
   d. Demanda Parcial

3. ¿Cómo se le denomina cuando usted puede "devolver" voluntariamente su propiedad al Prestamista?
   a. Juicio hipotecario
   b. Venta antes de juicio hipotecario
   c. Escritura en-Lieu de juicio hipotecario
   d. Indulgencia especial

4. Antes de contratar a un contratista para que haga las reparaciones o remodelaciones a su casa, usted debe:
   a. Discutir cómo se pagará la cuenta
   b. Obtener una licitación detallada
   c. Asegurarse de que el contratista tiene las licencias y seguros correspondientes
   d. Todo lo anterior

5. (Cierto o Falso) Usted se ahorrará mucho dinero realizando revisiones y mantenimiento de rutina en su casa y si arregla los problemas en cuanto aparezcan.

6. (Cierto o Falso) Siempre es una buena idea refinanciar su préstamo si puede reducir su interés.

7. (Cierto o Falso) Si usted viola alguna de las órdenes de la ciudad, la ciudad puede contratar a alguien para que haga el trabajo y cobrarle a usted.

8. (Cierto o Falso) Los Impuestos y el Seguro de su Propiedad siempre serán lo mismo cada año.

9. (Cierto o Falso) Una vez que usted es Dueño de Casa, lo más importante que tiene que hacer es dar sus pagos de la casa puntualmente y completos cada mes.

10. (Cierto o Falso) Una "Indulgencia Especial" es un acuerdo por escrito entre usted y el Prestamista que puede incluir un plan de pagos, una reducción temporal en sus pagos, o una suspensión de pagos durante un período corto de tiempo.

Nombre: _____   **Date:**_____

Número de Registro: _____   **Número de respuestas necesarias para aprobar: 6**

EXAMEN DE LA LECCION 9
¡CUIDESE DE LOS DEPREDADORES!

1. ¿Cuál de los siguientes podría levantar una "bandera de precaución" para usted?
   a. Cuando un Prestamista le pide que firme papeles que contienen espacios en blanco
   b. Cuando le ofrecen refinanciar su casa a una tasa de interés más baja "sin ningún costo para usted"
   c. Cuando un Prestamista le ofrece prestarle dinero por encima del valor de su propiedad
   d. Todos los anteriores

2. ¿Cómo se le denomina a la práctica en la que el Agente de Bienes Raíces, el Oficial de Préstamos y usualmente un Valuador se unen para venderle una propiedad a un precio inflado?
   a. Flipping
   b. Fraude
   c. Juicio Hipotecario
   d. Bandera de precaución

3. ¿Cuál de los siguientes métodos usan los Prestamistas Depredadores para contactarlo?
   a. A través de correspondencia
   b. A través de personal de tele-mercadeo
   c. Yendo de puerta en puerta
   d. Todo lo anterior

4. Si usted cree que ha sido víctima de prácticas de préstamos depredadores, usted debe:
   a. Presentar una queja ante el Abogado General y Comisión Bancaria
   b. Trabajar en poner en orden su situación financiera y su crédito
   c. Si usted todavía está en el período de rescisión, firme documentos diciendo que no quiere el préstamo
   d. Todo lo anterior

5. (Cierto o Falso) Los Prestamistas que cobran cuotas y tasas de interés exorbitantes se llaman "Prestamistas Depredadores"

6. (Cierto o Falso) Los préstamos por debajo de la tasa de interés preferencial se le hacen a las personas que tienen problemas de crédito o bajos puntajes de crédito.

7. (Cierto o Falso) Todos somos blancos potenciales de Prestamistas Depredadores

8. (Cierto o Falso) En la mayoría de los casos, no hay nada ilegal acerca de las prácticas de préstamos depredadoras